>>> 改訂版

完全攻略!
TOEFL ITP® テスト
リスニング

TOEFL ITP® is a registered trademark of ETS.
This publication is not endorsed or approved by ETS.

岩村圭南 監修・解説

ICU TOEFL® テスト
問題研究会 問題作成

＊本書はTOEFL ITP（学校やその他教育機関で行われる団体向けテスト）受験のための書籍です。

はじめに

　TOEFLテストは、紙ベースのテスト（PBT: Paper-based Test）として始まり、日本では2000年よりコンピューターベースのテスト（CBT: Computer-based Test）に一部移行した。その後、さらにコンピューター化が進み、2006年からは、インターネットとコンピューターを利用したテスト（iBT: Internet-based Test）が導入された。

　その一方で、TOEFL ITP（Institutional Testing Program）と呼ばれるPBTの過去問題を再利用した団体向けのテストが存在している。採用大学・団体は500を超え、年間22万人以上が受験している（2021年4月現在）。TOEFL ITPは、大学における語学の授業のクラス分けや単位認定、大学院の入試にも採用されるなど、留学のための英語力判定試験という枠を超え、広くアカデミックな英語能力を測定する試験として認知されつつある。基本はマークシート方式のペーパーテストだが、2020年からコンピューター上で出題・解答するデジタル版も導入された。

　本書は、2016年に出版された『完全攻略！TOEFL ITP®テスト リスニング』を、テストの新形式に合わせて改訂した問題集である。TOEFL ITPのSection 1（リスニング・セクション）に対応し、問題演習をとおしてどの程度実力がアップしたかがわかるように、次のような構成になっている。

（1）PRIMARY TESTで実力診断
（2）各パートの問題攻略法および出題傾向の分析・解説
（3）Practice Testで問題演習
（4）FINAL TESTで最終チェック

　本書により読者の皆さんの英語力がアップすることを心から願っている。最後になったが、本書の刊行に当たって、いろいろと貴重なご意見を寄せていただいた方々に、この場を借りて感謝の意を表したい。

監修者　岩村圭南

目次

Chapter 1　まず実力・弱点をチェック
PRIMARY TEST

Chapter 2　実力アップ
Part A 完全攻略

Chapter 3　実力アップ
Part B 完全攻略

CONTENTS

📝 本書の学習の進め方

　本書は、TOEFL ITP の「リスニング・セクション攻略」に特化した問題集である。「問題演習をとおして TOEFL ITP リスニング・セクションの攻略法を身につける」ことを目指している。そのために、本書には TOEFL ITP リスニングテストの4回分にあたる全 200 問が収録されている。

　大きく分けて、「模擬試験（PRIMARY TEST と FINAL TEST）」「攻略法・模擬問題」で構成されている。

▌ 本書の使い方

　本書の効果的な活用法を簡単に紹介しておこう。次の要領で学習を進めていただきたい。

1

指示にしたがって PRIMARY TEST（Chapter 1）を受け、現在の実力を把握しておく。

2

Part A、B、C の問題攻略法および出題傾向を十分に把握したうえで、Practice Test（2セットずつ）を使って問題演習をする。

- ▶ それぞれの Practice Test にはテーマが設けられているので、それを意識しながら問題に取り組むようにする。
- ▶ 問題を解いた後は、解説を参考にして、間違った問題をチェックする。わからない単語や表現は必ずノートに整理しておく。
- ▶ また、問題を解きながら気づいたこと（聞き取りのコツや選択肢の見方など）があれば、それもメモしておく。

3

FINAL TEST 受験。

- ▶ 再度、各パートの攻略法および出題傾向に目をとおし、ノートに書きためてきた単語・表現やメモをチェックしてから、FINAL TEST を受ける。
- ▶ FINAL TEST の結果を自己採点する。
- ▶ Final Checkpoints で問題点を整理。

後は TOEFL ITP 受験を待つのみである。

📄 TOEFL ITPとは

　TOEFL（Test of English as a Foreign Language）テストは英語を母語としない人が海外の大学・大学院に入学を希望する際に課せられる英語能力判定試験で、アメリカの教育機関である ETS（Educational Testing Service）が実施している。TOEFL ITP（Institutional Testing Program）は、TOEFL テストの団体受験用試験で、主に大学・短期大学、高校でのクラス分けや大学院入試に利用されている。交換留学の選考で求められることも多いが、TOEFL ITP のスコアは試験実施団体内でのみ有効で公的には認められない。そのため、交換留学以外で留学を希望する場合は、本試験として実施される TOEFL iBT（Internet-based Test）を受験する必要がある。

TOEFL ITP の出題形式

　TOEFL ITP には、Level 1 TOEFL と Level 2 Pre-TOEFL の２種類がある。Level 2 は Level 1 の問題をやさしく構成しなおしたものである。本書は Level 1 に対応している。

	最低点	最高点	問題数	解答時間
Level 1 TOEFL	310点	677点	140問	約115分
Level 2 Pre-TOEFL	200点	500点	95問	約70分

　試験は、リスニング、文法、リーディングの３つのセクションから成る。もともとは海外の大学・大学院で学ぶのに必要な英語力の測定を目的としているだけに、アカデミックでハイレベルな問題内容となっている。試験の構成と流れは右記の通り。TOEFL iBT で実施されるライティング、スピーキングセクションは TOEFL ITP には含まれない。

試験全体の流れとテストの構成

試験全体の流れ	問題数	時間配分
準備時間		約20分
Section 1: リスニング・セクション （Listening Comprehension）	50問	約35分
Part A: 短い会話を聞き、その内容に関する質問に答える	（30問）	
Part B: 長めの会話文（2つ）を聞き、その内容に関する質問に答える	（8～10問）	
Part C: 長めの話や講義の一部などを聞き、その内容に関する質問に答える。聞き取る話は3つ	（10～12問）	
Section 2: 文法セクション （Structure and Written Expression）	40問	25分
Structure: 英文の空所に適切な語句を補充する	（15問）	
Written Expression: 英文中の間違いを指摘する	（25問）	
Section 3: リーディング・セクション （Reading Comprehension）	50問	55分
200語から300語程度のパッセージを読み、その内容および本文中の語彙に関する質問に答える。出題されるパッセージは5つ程度		
問題用紙と解答用紙の回収および確認		約20分
	計：140問	計：約155分

試験全体の流れとテストの構成

❶ TOEFL ITP はすべて4肢択一の試験問題で、解答はマークシート方式。
※2020年からコンピューター上で解答するデジタル版も導入されたが、本書は
ペーパー版のマークシート方式に対応している。

❷ 試験時間は約2時間だが、氏名の記入や問題・解答用紙の回収などを含めると
試験終了まで2時間半ほどかかるとみてよい。途中休憩はない。

❸ 解答は HB の鉛筆を使って、解答用紙の正解と思われる箇所を塗りつぶす。
※以前は書き込み（Note Taking）は禁止されていたが、2017年より問題冊子の
余白への書き込みが可能になった。ただし、書き込みを許可して実施するかど
うかは各実施団体の裁量にゆだねられている。自分が受験する際の書き込みの
可否については、実施団体に直接確認しよう。
最新の情報は日本でTOEFLの運営を行っているTOEFL®テスト日本事務局のウ
ェブサイトで確認しよう。

TOEFL®テスト日本事務局
https://www.etsjapan.jp

❹ 全セクションの合計スコアは最高677、最低310で、各セクションごとに正解数
を変換し、セクション別のスコアを算出。それらを合計して10を掛け、3で割
った数で表される。ETS から送られてくる SCORE REPORT には変換後の各セ
クションのスコアと総合スコアが記載されている。
たとえば下記の例では、各セクションのスコアの合計は、46＋54＋50＝150、
(150×10)÷3＝500と算出されたものである。

Section 1	Section 2	Section 3	総合スコア
46	54	50	500

5 実際に、500、550、600を取るには、各セクションでそれぞれ何問くらい正解する必要があるか、従来のデータをもとにした目安は以下の通り。

総合スコア	Section 1	Section 2	Section 3
500	30	28	31
550	37	32	37
600	43	35	43

6 ちなみに625点以上のスコアはネイティブスピーカー並みの英語力と判断されている。

7 TOEFL ITPの問題は、ある言語圏や文化に偏りなく作成されており、特定分野の専門知識は必要とされない。しかし、内容的には高校2年生以上の知識が英語力とは別に必要である。

8 TOEFL ITPは団体が実施する試験であるため、個人での受験申し込みはできない。学校や企業など所属団体に問い合わせ、そこから申し込む必要がある。

本書学習用音声の内容と使い方について

▶ 音声の入手方法について

　本書の音声はすべて、スマートフォンやパソコンに無料でダウンロードできます※。

★スマートフォンの場合★

　以下の URL から学習用アプリ「booco」をインストールの上、ホーム画面下「さがす」から本書を検索し、音声ファイルをダウンロードしてください。

　https://www.booco.jp/

★パソコンの場合★

　以下のサイト「アルクのダウンロードセンター」で本書の商品コード 7022065 で検索してください。

　https://portal-dlc.alc.co.jp/

※ booco およびダウンロードセンターの内容は、予告なく変更する場合がございます。あらかじめご了承ください。

▶ 音声の内容について

　　Chapter_1 ＞ MP3_001 ～ MP3_058
　　Chapter_2 ＞ MP3_059 ～ MP3_122
　　Chapter_3 ＞ MP3_123 ～ MP3_144
　　Chapter_4 ＞ MP3_145 ～ MP3_176
　　Chapter_5 ＞ MP3_177 ～ MP3_234

　　音声ファイルには次のタグを設定してあります。
①出版社名（アーティスト名）：「ALC PRESS INC.」
②書名（アルバム名）：
　「改訂版 完全攻略！ TOEFL ITP（R）テスト リスニング」

▶ 活用法について

　PRIMARY TEST と FINAL TEST、および各章の Practice Test を解きながら実際の TOEFL ITP テストの出題形式を体感してください。

　音声は問題を解くためだけに使うのではなく、音声を聞きながら流れてくる英文を書き取ってみたり（dictation）、ナレーターに続けてリピート発声したりしてみるといいでしょう。

▶ アイコンについて

本書では、音声ファイルを表すアイコンを以下のように表示しています。

🔊)) MP3 **001**

\ まず実力・弱点をチェック /

PRIMARY TEST

自分の今の力を知ることが、テスト攻略の第一歩。現状把握のための50問に解答しよう。

PRIMARY TEST を受けるにあたって

　リスニング・セクションのパート別練習に入る前に、まずは PRIMARY TEST で現在の実力および弱点をチェックしておこう。

▌受験上の注意

(1) HB の鉛筆を用意する。
(2) 巻末の解答用マークシート（Answer Sheet）をコピーして（切り取って）使用する。
(3) 途中で邪魔（雑音など）が入らないように注意する。
(4) 音声を聞きながら問題を解き、解答欄の該当する〇を黒く塗りつぶす。
(5) 問題は 3 つのパートから構成されている。
　　Part A: 短い会話文を聞き、その内容に関する質問に答える（30 問）
　　Part B: 長めの会話文を聞き、その内容に関する質問に答える（8 〜 10 問）
　　Part C: 長めの話や講義の一部などを聞き、その内容に関する質問に答える（10 〜 12 問）
(6) 音声ファイルが連続再生されるように音声アプリやプレーヤーを設定しておき、一度音声をスタートしたら途中で止めない。Part C の最後まで休憩をとらないこと。

　さあ、準備はいいだろうか。音声がスタートすると、はじめに問題解説（Directions）が聞こえてくる。[Wait] サインに注目。指示があるまで、解説の間にページをめくり、設問や選択肢をあらかじめチェックしておくことはできない。実際の試験を受けているつもりで、音声の指示に従って問題に取り組んでみよう。では、はじめよう！

PRIMARY TEST

Listening Comprehension

 MP3 **001**

In this section of the test, you are to demonstrate your ability to understand conversations and talks in English. There are three parts to this section with special directions for each part. Please answer all the questions on the basis of what is stated or implied by the speakers in this test. Do **NOT** turn the pages until you are told to do so.

Part A

Directions: In Part A, you will hear short conversations between two speakers. After each conversation, you will hear a question about the conversation. The conversations and questions are not repeated. After you hear a question, read the four choices in your test book and choose the best answer. Then, on your answer sheet, find the number of the question and fill in the space that corresponds to the letter of the answer you have chosen.

Here is an example. Listen carefully.

On the recording, you will hear:

In your test book, you will read:
What does the woman want the man to do?
(A) Tell her the time.
(B) Let her pass.
(C) Listen to her excuse.
(D) Repeat what he said.

Sample Answer

You learn from the conversation that the woman couldn't catch what the man said. The best answer to the question, "What does the woman want the man to do?" is (D), "Repeat what he said." Therefore, the correct choice is (D).

Wait

Q1 ◁)) MP3 002

What does the man mean?

(A) Both he and his roommate stopped smoking.

(B) He quit his job because too many people smoked.

(C) He asked his roommate to stop smoking.

(D) He still hasn't been able to quit smoking.

Q2 ◁)) MP3 003

What does the man mean?

(A) The woman works too hard.

(B) The woman should change jobs.

(C) The woman deserved the promotion she didn't get.

(D) The woman should be happy with her job.

Q3 ◁)) MP3 004

What does the man want to do?

(A) Arrive at the concert at about 6:15.

(B) Leave for the concert at 6:15.

(C) Buy reserved seats at 6:15.

(D) Leave the concert at 6:15.

Q4 ◁)) MP3 005

What does the woman mean?

(A) She wonders whether someone will buy her television.

(B) She doesn't want to take the television with her.

(C) She has changed her mind about the television.

(D) She'd like to take the television with her.

Q5 ◁)) MP3 006

What does the woman suggest the man do?

(A) Ask someone else.

(B) Ask Mr. Brown himself.

(C) Call an operator.

(D) Look in the phone book.

Q6 🔊)) MP3 **007**

What does the woman mean?

(A) She hasn't seen Fred's car yet.

(B) She helped Fred change a tire.

(C) She's been in Fred's car before.

(D) She thinks Fred should buy a new car.

Q7 🔊)) MP3 **008**

What can be inferred from this conversation?

(A) The man and woman are in a museum.

(B) The field trip was canceled.

(C) The man is supposed to be in class.

(D) The museum is closed today.

Q8 🔊)) MP3 **009**

What does the man imply?

(A) He doesn't want to go outside.

(B) It is raining very hard now.

(C) He hasn't been outside.

(D) It was raining harder earlier.

Q9 🔊)) MP3 **010**

What does the woman mean?

(A) She has given up drinking.

(B) She drank too much yesterday.

(C) Her head hurts from overwork.

(D) She has to work overtime tonight.

Q10 🔊)) MP3 **011**

What does the man mean?

(A) He was able to turn his paper in on time.

(B) The professor wouldn't accept his paper.

(C) There wasn't enough time to finish his paper.

(D) He needs the woman to help him with his paper.

Q11 🔊)) MP3 012

What does the woman say about Brett?

(A) She went to high school with him.

(B) She hasn't met him before.

(C) He reminds her of someone else.

(D) He didn't go to high school.

Q12 🔊)) MP3 013

What does the woman mean?

(A) Tom should cut down the trees.

(B) Tom should be more careful with his diet.

(C) Tom should help her lose weight.

(D) Tom should gain weight.

Q13 🔊)) MP3 014

What does the woman imply about Chris?

(A) He doesn't usually work on Wednesdays.

(B) He'll be coming in to work later in the evening.

(C) He's temporarily working different hours.

(D) He doesn't start working until after the holidays.

Q14 🔊)) MP3 015

What does the woman mean?

(A) She is not interested in the show.

(B) She thinks there are no tickets left.

(C) She thinks it will be easy to get a ticket.

(D) She thinks it isn't necessary to get a ticket.

Q15 🔊)) MP3 016

What does the woman say about the scissors?

(A) She thinks Terry lost them.

(B) She wants the man to put them back.

(C) She can't remember where she put them.

(D) She doesn't know where they are.

Q16 🔊)) MP3 017

What does the woman mean?

(A) She's not surprised the man is tired.

(B) She also had four meetings today.

(C) She wonders why the meeting lasted so long.

(D) She's been waiting for several hours.

Q17 🔊)) MP3 018

What does the woman mean?

(A) The man doesn't need change after all.

(B) She doesn't have enough change.

(C) The copy machine is broken.

(D) The new copier was expensive.

Q18 🔊)) MP3 019

What does the woman mean?

(A) She doesn't listen to the radio.

(B) She turned off the radio before 8:00.

(C) She was too busy to listen to the radio.

(D) She fell asleep and didn't listen to the radio.

Q19 🔊)) MP3 020

What do we learn from this conversation?

(A) The woman now attends a different school.

(B) The woman moved to another state.

(C) The woman dropped out of school.

(D) The woman graduated at the end of last term.

Q20 🔊)) MP3 021

What will the woman probably do?

(A) Have a meeting with Ms. Homan.

(B) Give the man a call.

(C) Leave a message for Ms. Homan.

(D) Arrange a meeting with the man.

Q21 🔊 MP3 022

What does the man mean?

(A) It's not worth it to buy a new bicycle.

(B) His old bicycle isn't in good condition.

(C) He gave his old bicycle away.

(D) Riding his bicycle makes him tired.

Q22 🔊 MP3 023

What does the woman imply about Bob?

(A) He recently borrowed money from her.

(B) He's been having problems with his computer.

(C) He's recently learned a lot about computers.

(D) He probably shouldn't buy a new computer.

Q23 🔊 MP3 024

What does the man mean?

(A) He dropped his eggs on the sidewalk.

(B) He doesn't eat fried eggs.

(C) He feels it's very hot today.

(D) He thinks it's too hot to take a walk.

Q24 🔊 MP3 025

What does the man mean?

(A) Eating sushi leaves him hungry.

(B) He is looking forward to eating sushi.

(C) One time he ate too much sushi.

(D) He didn't enjoy eating sushi at all.

Q25 🔊 MP3 026

What does the woman imply?

(A) The man can get what he needs at Long's.

(B) It takes a long time to fill a prescription.

(C) There was a mistake in the man's prescription.

(D) The man needs to fill out the proper form.

Q26 🔊 MP3 027
What does the woman mean?
(A) The man can choose the restaurant.
(B) She can't make up her mind about what to do.
(C) She prefers to have Chinese food.
(D) She doesn't feel like going out for dinner.

Q27 🔊 MP3 028
What had the man assumed?
(A) That the ski trip would be in December.
(B) That the ski club wouldn't be able to practice.
(C) That the ski club had already decided when to meet.
(D) That the dates for the ski trip had not been set.

Q28 🔊 MP3 029
What does the woman mean?
(A) She thinks the class is difficult.
(B) She has to give a presentation in class.
(C) She wants the man to repeat what he said.
(D) She thinks the man should speak more in class.

Q29 🔊 MP3 030
What does the man mean?
(A) He's not sure what the woman is asking.
(B) He thinks the woman is wishing for too much.
(C) He's certain that school fees will be increased.
(D) He doesn't know who he should ask.

Q30 🔊 MP3 031
What does the woman ask the man to do?
(A) Make coffee for everyone.
(B) Prepare some papers for the staff.
(C) Go shopping for some coffee.
(D) Finish writing the staff report.

No test material on this page.

MP3 032

Part B

Directions: In this part, you will hear some longer conversations. After each conversation, you will hear several questions. The conversations and questions are not repeated. After you hear a question, read the four choices in your test book and choose the best answer. Then, on your answer sheet, find the number of the question and fill in the space that corresponds to the letter of the answer you have chosen.

Wait

Q31-34 🔊 MP3 033

Q31 🔊 MP3 034
In which department does Dr. Alexander probably teach?
(A) Psychology.
(B) Anthropology.
(C) Political science.
(D) Art.

Q32 🔊 MP3 035
According to the man, what is the most difficult part of the course?
(A) The research paper.
(B) The midterm exam.
(C) The final exam.
(D) The oral reports.

Q33 🔊 MP3 036
Which culture is Dr. Alexander probably the most familiar with?
(A) American.
(B) French.
(C) Turkish.
(D) Chinese.

Q34 🔊 MP3 037
What will the woman probably do as a result of the conversation?
(A) She will make up her mind later.
(B) She will wait until next week to register.
(C) She will register for Dr. Alexander's course.
(D) She will take only Dr. Alexander's course and no others.

Q35-38 🔊 MP3 038

Q35 🔊 MP3 039

What is the main topic of this conversation?

(A) The best way to use an ATM machine.

(B) What type of account the student should open.

(C) A new method for students to pay their bills.

(D) How to fill out the forms for a student loan.

Q36 🔊 MP3 040

According to the woman, what is one advantage of a savings account?

(A) You can collect interest.

(B) You can write checks.

(C) You can pay bills easily.

(D) You can make direct deposits.

Q37 🔊 MP3 041

According to the woman, what problem do many students have?

(A) They refuse to pay their bills.

(B) They are unable to obtain credit cards.

(C) They are unable to transfer money from other banks.

(D) They don't keep sufficient funds in their accounts.

Q38 🔊 MP3 042

What will the man probably do next?

(A) Use an ATM machine.

(B) Open a checking account.

(C) Apply for a savings account.

(D) Cash a personal check.

No test material on this page.

MP3 **043**

Part C

Directions: In this part, you will hear some short talks. After the talks, you will hear several questions. The talks and questions are not repeated. After you hear a question, read the four choices in your test book and choose the best answer. Then, on your answer sheet, find the number of the question and fill in the space that corresponds to the letter of the answer you have chosen.

Here is an example. Listen carefully.

On the recording, you will hear:

Listen to a sample question.

In the test book, you will read: Who should register at the south end?

(A) Engineering students.
(B) Graduate students.
(C) Humanities students.
(D) Science students.

Sample Answer

Ⓐ ● Ⓒ Ⓓ

The best answer to the question, "Who should register at the south end?" is (B), "Graduate students." Therefore, the correct choice is (B).

Now, listen to the other sample question:

In the test book, you will read: Where is the exit?

(A) On the north side.
(B) On the south side.
(C) On the east side.
(D) On the west side.

Sample Answer

Ⓐ Ⓑ ● Ⓓ

The best answer to the question, "Where is the exit?" is (C), "On the east side." Therefore, the correct choice is (C).

Wait

Q39-42 🔊 MP3 044

Q39 🔊 MP3 045

What is this talk about?

(A) California's true sequoias.

(B) Trees in California.

(C) Different varieties of sequoias.

(D) Evergreens and deciduous trees.

Q40 🔊 MP3 046

Where are the true sequoias found?

(A) Only in California.

(B) Primarily in California.

(C) In California and China.

(D) Throughout much of the world.

Q41 🔊 MP3 047

Which of the following statements can be inferred from the talk?

(A) Giant sequoias are not extensively used by the lumber industry.

(B) Botanists are likely to discover new kinds of sequoias in Siberia.

(C) Deciduous trees are older than evergreens.

(D) The redwoods will soon become extinct.

Q42 🔊 MP3 048

In what way is the dawn redwood different from the redwood and the giant sequoia?

(A) It is larger.

(B) It is found over a wider area.

(C) Its leaves fall off each year.

(D) It is extinct.

Q43-46 🔊 MP3 049

Q43 🔊 MP3 050

To whom is this talk probably being given?

(A) Environmentalists.

(B) Sportsmen.

(C) Scholars.

(D) History students.

Q44 🔊 MP3 051

What is the main topic of this talk?

(A) How settlers supplied their physical needs.

(B) The worldview of the first European settlers.

(C) The need to remember early American history.

(D) The environmental damage caused by white settlers.

Q45 🔊 MP3 052

What point is the speaker trying to make by referring to buffalo?

(A) Nobody thought that their numbers would decrease.

(B) Only a small portion of their bodies was used for food.

(C) They were difficult and dangerous to hunt.

(D) The Great Plains were their original home.

Q46 🔊 MP3 053

What does the speaker regard as the most important resource of the first settlers?

(A) Their weapons.

(B) Their farming skills.

(C) The native wildlife.

(D) The fertile land.

Q47-50 🔊 MP3 054

Q47 🔊 MP3 055
Who is the speaker talking to?
(A) Art students.
(B) Professional cartoonists.
(C) Disney Fan Club members.
(D) Members of an animation society.

Q48 🔊 MP3 056
What does the speaker say is the main subject of this talk?
(A) Walt Disney's genius.
(B) The history of cartooning.
(C) The evolution of Mickey Mouse.
(D) The birth of a famous cartoon character.

Q49 🔊 MP3 057
According to the speaker, when was Mickey Mouse invented?
(A) In 1905.
(B) About 90 years ago.
(C) About 100 years ago.
(D) In 1938.

Q50 🔊 MP3 058
What does the speaker plan to do next?
(A) Show some images of Mickey Mouse.
(B) Review the development of Disneyland.
(C) Sketch a cartoon character.
(D) Discuss Mickey Mouse's popularity.

STOP STOP STOP **STOP** STOP STOP STOP

This is the end of the PRIMARY TEST.

Part A

1	A	11	C	21	B
2	C	12	B	22	D
3	A	13	C	23	C
4	B	14	C	24	D
5	D	15	D	25	A
6	C	16	A	26	A
7	B	17	A	27	D
8	D	18	D	28	A
9	B	19	A	29	C
10	A	20	C	30	B

Part B

31	B
32	A
33	D
34	C
35	B
36	A
37	D
38	B

Part C

39	C
40	B
41	A
42	C
43	D
44	D
45	B
46	C
47	D
48	C
49	B
50	A

TOEFL ITP スコア換算表

　PRIMARY TEST 50 問中の正解数をもとに、実際の TOEFL ではどのくらいのスコアになるのかを計算してみよう。換算表は、TOEFL 受験経験者の方々に PRIMARY TEST を受けていただき、その結果と実際の TOEFL のスコアとを比較した上で作成したものである。以下の計算方法に従ってスコアを算出してみよう。本番でどの程度の点数が取れるのか、現在の実力を知る上で目安になるはずである。

●計算方法

（1）まず Part A・B・C それぞれの正解数を合計する。

（2）下のスコア換算表を見て、正解数から換算値（最小値と最大値）を出す。

（3）最小値および最大値にそれぞれ 10 を掛ける。これによって得られた大小ふたつの数字の間に、あなたのスコアが入ることになる。

> 【計算例】正解数 40 の場合
> ・最小値　53 × 10 = 530
> ・最大値　56 × 10 = 560
> ・予想得点は［530 〜 560］となる

（4）この方法によって得られた数字は、あくまでもリスニング・セクションの実力をもとに割り出した予想スコアである。他のセクションの出来いかんで TOEFL の最終スコアが上下することはいうまでもない。

●スコア換算表

正答数	換算値
48〜50	64〜68
45〜47	60〜63
42〜44	57〜59
39〜41	53〜56
36〜38	52〜53
33〜35	50〜51
30〜32	48〜49
27〜29	47〜48
24〜26	46〜47
21〜23	44〜45
18〜20	41〜43
15〜17	39〜41
12〜14	36〜38
9〜11	33〜35
6〜8	30〜32
3〜5	28〜29
0〜2	25〜27

●あなたの予想スコア

正解数	予想スコア
	〜

リスニング・セクション全体の指示文対訳　　🔊)) MP3 **001**

このセクションでは、英語による会話やトークを理解する能力を示してもらいます。このセクションは3つのパートに分かれており、それぞれのパートに個別の指示文があります。テストでは、話者が述べたことやほのめかしたことを基準に、すべての質問に解答してください。指示があるまで、ページをめくってはいけません。

Part Aの指示文対訳

指示文：パートAでは、ふたりの話者の短い会話を聞きます。それぞれの会話の後に、会話に関連した設問が流れます。会話や設問は繰り返されません。設問を聞いた後に問題用紙に書かれた4つの選択肢を読み、最適なものを選びなさい。その後、解答用紙で問題番号を見つけ、あなたが選んだ解答に該当する箇所を塗りつぶしなさい。

例を示します。注意深く聞いてください。

音声が流れます。

問題用紙を読みます。

　　女性は男性に何をしてほしいのですか。

　　(A) 彼女に時間を教える。

　　(B) 彼女を行かせる。

　　(C) 彼女のいい訳を聞く。

　　(D) 彼がいったことを繰り返す。

会話から、女性は男性がいったことを聞き取れなかったことがわかります。「女性は男性に何をしてほしいのですか」に対する最適な答えは、(D)「彼がいったことを繰り返す」です。従って、正答は(D)です。

🔊) 音声のみの部分のスクリプトと訳

M: Could you tell me how to get to Union Square? (ユニオン広場への行き方を教えていただけますか)

W: Excuse me? (なんとおっしゃいましたか)

N: Now go on to the next page. (では次のページへ進んでください)

N: Now we will begin Part A with the first conversation. (では、パートAの最初の会話がはじまります)

Q 1 正解 (**A**) 🔊) MP3 **002**

スクリプト・訳

W: Do you still smoke?

M: Actually, I quit and my roommate did, too.

Q: What does the man mean?

女性：まだたばこを吸っているの？

男性：実は、やめたんだ。ルームメイトもね。

設問：男性は何をいいたいのですか。

(A) 彼とルームメイトの両方がたばこをやめた。

(B) 彼が仕事をやめたのは、たばこを吸う人が多すぎたからだ。

(C) 彼はルームメイトにたばこをやめるよう頼んだ。

(D) 彼はまだたばこをやめられずにいる。

解説　「まだたばこを吸ってるの？」と女性。男性の返事は「やめたんだ (I quit)。ルームメイトもね」。quit は stopped smoking の意味。

Q 2 正解 (**C**) 🔊) MP3 **003**

スクリプト・訳

W: I worked so hard for that position.

M: I know. You should have gotten the promotion.

Q: What does the man mean?

女性：その役職を得るために一生懸命働いたわ。

男性：わかってる。君が昇進すべきだったんだよ。

設問：男性は何をいいたいのですか。

(A) 女性は働きすぎている。

(B) 女性は仕事を変えた方がいい。

(C) 女性は昇進してしかるべきだったのに果たせなかった。

(D) 女性は仕事に満足しているはずである。

解説　「君が昇進すべきだったんだよ (should have ＋過去分詞)」と男性が慰めている。彼女は一生懸命頑張ってきたので「昇進してしかるべきだった (deserved the promotion)」と思っている。

Q3　正解 (A)　🔊 MP3 004

スクリプト・訳

W: The concert starts at 7:00.

M: OK, let's get there around 6:15, so we can get good seats.

Q: What does the man want to do?

女性：コンサートは7時にはじまるわ。

男性：じゃあ、6時15分ごろに行って、いい席に座ろう。

設問：男性は何をしたいのですか。

(A) 6時15分ごろにコンサート会場に到着する。

(B) 6時15分にコンサート会場へ出発する。

(C) 6時15分に予約席を購入する。

(D) 6時15分にコンサート会場を出る。

解説　コンサートの開始は7時。「6時15分ごろ（around）に行って、いい席に座ろう」というのが男性の提案である。

Q4　正解 (B)　🔊 MP3 005

スクリプト・訳

M: Do you want me to help you carry the television to your car?

W: Actually, I was wondering if someone could deliver it.

Q: What does the woman mean?

男性：車にテレビを運ぶのを手伝いましょうか。

女性：実は、誰かが届けてくれないかと思っていたの。

設問：女性は何をいいたいのですか。

(A) 彼女は誰かがテレビを買ってくれないかと思っている。

(B) 彼女はテレビを自分では運びたくない。

(C) 彼女はテレビについて気が変わった。

(D) 彼女は自分でテレビを運びたい。

解説　男性が「運ぶのを手伝いましょう（help you carry）」と申し出たところ、女性が「配送して（deliver）ほしいと思っていた」ことを伝える。自分では運びたくなかったのだ。

Q5 正解 (D) 🔊 MP3 006

M: I need to get ahold of Mr. Brown's office. Do you know the number?

W: No. Here's the phone book.

Q: What does the woman suggest the man do?

男性：ブラウンさんの事務所に連絡をとる必要があるんだ。電話番号を知ってる？

女性：いいえ。ここに電話帳があるわよ。

設問：女性は男性に何を提案していますか。

(A) 別の人に尋ねる。

(B) 自分でブラウンさんに尋ねる。

(C) オペレーターに電話する。

(D) 電話帳で調べる。

解説 get ahold of ～は「～と連絡をとる」という意味。電話番号を聞かれ、女性は「ここに電話帳があるわよ」と答えている。「電話帳で調べたら？」といっていることになる。

Q6 正解 (C) 🔊 MP3 007

M: Susan, have you seen Fred's car?

W: Seen it? He took me for a ride in it last night, Jack.

Q: What does the woman mean?

男性：スーザン、フレッドの車を見たことあるかい？

女性：車を見たかですって？　ジャック、彼はゆうべ、その車でドライブに連れていってくれたわよ。

設問：女性は何をいいたいのですか。

(A) 彼女はまだフレッドの車を見たことがない。

(B) 彼女はフレッドが車のタイヤを交換するのを手伝った。

(C) 彼女は以前、フレッドの車に乗ったことがある。

(D) 彼女はフレッドが新しい車を買うべきだと思っている。

解説 「フレッドの車を見たことあるかい？」。この質問に対して、「その車でドライブに連れていってくれた」とスーザンは答えている。彼女はすでにその車に乗っていたのである。

Q 7　正解 (B)　🔊 MP3 008

スクリプト・訳

W: Joe, what are you doing here? I thought your class was going to visit the Natural History Museum today.

M: We were supposed to, but the professor called in sick.

Q: What can be inferred from this conversation?

女性：ジョー、こんなところで何をしているの？　あなたのクラスは今日、自然史博物館に行く予定だと思っていたけど。

男性：行く予定だったんだけど、教授から病気で休むって電話があったんだ。

設問：この会話から何が推測できますか。

  (A) 男性と女性は博物館にいる。
  (B) 学外活動は中止になった。
  (C) 男性は授業に出ているはずである。
  (D) 今日、博物館は休みである。

解説　この会話から推測できることは？　クラスで博物館に行くことになっていた。しかし、「教授から病気で休むと電話があった（called in sick）」。博物館行きは中止になったのである。

Q 8　正解 (D)　🔊 MP3 009

スクリプト・訳

W: What's it like outside right now?

M: It's hardly raining at all anymore.

Q: What does the man imply?

女性：今、外はどんな様子？

男性：もう、雨はほとんど降っていないよ。

設問：男性は何をいおうとしていますか。

  (A) 彼は外に出たくない。
  (B) 今、非常に激しく雨が降っている。
  (C) 彼は外に出ていない。
  (D) 少し前には、もっと激しく雨が降っていた。

解説　天気について聞いている女性に、男性は「もう、雨はほとんど降っていない」と答えている。彼のことばから、少し前までは雨が強く降っていたと思われる。

Q9 正解 (B) 🔊 MP3 010

スクリプト・訳

M: Let's go out and have a drink tonight.
W: Oh, I can't. I overdid it last night and I still have a headache.
Q: What does the woman mean?

男性：今夜飲みに行こう。
女性：残念、行けないわ。ゆうべ飲みすぎて、まだ頭が痛いのよ。
設問：女性は何をいいたいのですか。

(A) 彼女は禁酒している。
(B) 彼女はきのう、飲みすぎた。
(C) 働きすぎで、彼女は頭が痛い。
(D) 彼女は今夜、残業しなければならない。

解説 「今夜飲みに行こう」という誘いをなぜ女性は断ったのか。「ゆうべ飲みすぎた (overdid it last night)」からである。

Q10 正解 (A) 🔊 MP3 011

スクリプト・訳

W: Did you hand in your essay yet?
M: Yes, but just in the nick of time. Five more minutes and it would have been late.
Q: What does the man mean?

女性：もうリポートを提出したの？
男性：うん、でも、締め切りぎりぎりだったよ。あと5分遅れていたら、間に合わなかっただろうな。
設問：男性は何をいいたいのですか。

(A) 彼は時間通りに、課題を提出することができた。
(B) 教授は彼の課題を受け取ろうとしなかった。
(C) 課題を終えるのに十分な時間がなかった。
(D) 彼は女性に課題を手伝ってもらわなければならない。

解説 「リポートをぎりぎりで (just in the nick of time) 出した。あと5分遅れていたら、間に合わなかっただろうな」と男性。彼は締め切りの時刻ちょうどに (on time) リポートを出したのである。

Q11　正解 **(C)** 🔊 MP3 **012**

【スクリプト・訳】

M: Have you met Brett?

W: I sure have. He looks just like a guy I went to high school with.

Q: What does the woman say about Brett?

男性：ブレットに会ったことがあるかい？

女性：もちろん。彼は、同じ高校に通っていた人に似ているわ。

設問：女性はブレットについて何といっていますか。

(A) 彼女は彼といっしょに高校へ通っていた。

(B) 彼女はこれまで彼に会ったことがない。

(C) 彼は彼女に別の人物を思い出させる。

(D) 彼は高校に行かなかった。

【解説】　ブレットについて女性はどういっているか。「同じ高校に通っていた人に似ているわ」。彼女はブレットを見て、ある人物を思い出すのである（reminds her of ～）。

Q12　正解 **(B)** 🔊 MP3 **013**

【スクリプト・訳】

W: Tom, you really ought to cut down on the amount of sweets you eat.

M: I know, but I just can't help it.

Q: What does the woman mean?

女性：トム、本当に甘い物を控えた方がいいわよ。

男性：わかってるんだけど、なかなかできないんだよ。

設問：女性は何をいいたいのですか。

(A) トムは木を切るべきだ。

(B) トムは自分の食生活にもっと気をつけるべきだ。

(C) トムは彼女がやせるのを手伝うべきだ。

(D) トムは体重を増やすべきだ。

【解説】　「甘い物を控えた（cut down on）方がいいわよ」と女性。「わかってるんだけど、なかなかできないんだよ」と男性。女性は食生活（diet）に気を使うように男性に忠告しているのである。

Q13　正解（C）　🔊 MP3 014

スクリプト・訳

M: This is Wednesday. Isn't Chris working tonight?

W: During the holidays his schedule is really irregular.

Q: What does the woman imply about Chris?

男性：ウェンズデーだけど、今夜クリスは出勤していないの？

女性：休みの期間は、彼のスケジュールはとても不規則なの。

設問：女性はクリスについて何をいおうとしていますか。

　(A) 彼はふだん、水曜日は働いていない。
　(B) 彼は今晩、後で出勤してくるだろう。
　(C) 彼は一時的に違う時間帯に仕事をしている。
　(D) 彼は休暇が終わるまで仕事をはじめない。

解説　女性のことばに注目。「休みの期間は、彼の（仕事の）スケジュールはとても不規則なの」。クリスは一時的に（temporarily）いつもとは違う時間帯に仕事をしているのである。ここでのWednesdayは男性の名前。

Q14　正解（C）　🔊 MP3 015

スクリプト・訳

M: Will it be hard to get a ticket for the show?

W: I shouldn't think so.

Q: What does the woman mean?

男性：そのショーのチケットを手に入れるのは大変かな。

女性：そんなことないと思うけど。

設問：女性は何をいいたいのですか。

　(A) 彼女はショーに関心がない。
　(B) 彼女はチケットが残っていないと思っている。
　(C) 彼女はチケットが簡単に手に入ると思っている。
　(D) 彼女はチケットを手に入れる必要がないと思っている。

解説　「チケットを手に入れるのは大変かな」と男性。「そうは思わないわ（I shouldn't think so.）」と女性。女性はチケットが簡単に手に入ると思っているのだ。

Q 15 　正解 （D） 🔊 MP3 016

スクリプト・訳

M: Where'd you put the scissors?

W: Don't ask me. I think Terry had them last.

Q: What does the woman say about the scissors?

男性：どこにはさみを置いたの？

女性：私に聞かないでよ。テリーがさっき持ってたけど。

設問：女性は、はさみについて何といっていますか。

   (A) 彼女はテリーがはさみをなくしたと思っている。

   (B) 彼女は男性に、はさみを戻してほしいと思っている。

   (C) 彼女は、はさみをどこに置いたか思い出せない。

   (D) 彼女は、はさみがどこにあるか知らない。

解説 　はさみについて女性はどういっているか。彼女は「私に聞かないでよ（Don't ask me.）。テリーがさっき（last）持ってたけど」と答えている。彼女も、はさみがどこにあるのかわからないのだ。

Q 16 　正解 （A） 🔊 MP3 017

スクリプト・訳

M: I'm exhausted after that personnel meeting.

W: It's no wonder. It lasted over four hours.

Q: What does the woman mean?

男性：人事会議でくたくただ。

女性：無理もないわね。4時間以上も続いたんですものね。

設問：女性は何をいいたいのですか。

   (A) 彼女は男性が疲れているのは当然だと思っている。

   (B) 彼女も今日4つの会議に出た。

   (C) 彼女は、どうして会議がそんなに長くかかったのか不思議に思っている。

   (D) 彼女は何時間も待ち続けている。

解説 　「会議でくたくただ」と男性。「無理もないわね。4時間以上も続いたんですものね」と女性。女性は男性が疲れているのは仕方がないことだと思っているのである。

Q 17   正解   (A)   🔊 MP3 018

スクリプト・訳

M: Could you change this dollar bill for the photocopy machine?

W: It takes dollar bills.

Q: What does the woman mean?

男性：コピー機を使うから、このドルを両替してもらえるかな。

女性：お札も使えますよ。

設問：女性は何をいいたいのですか。

   (A) 結局、男性は小銭を必要としない。
   (B) 彼女は小銭を十分に持っていない。
   (C) コピー機は壊れている。
   (D) 新しいコピー機は高かった。

解説 「コピー機を使うので両替してほしい」と男性。「お札も使えますよ」と女性。小銭(change)は必要ないと彼女はいっていることになる。

Q 18   正解   (D)   🔊 MP3 019

スクリプト・訳

M: Did you listen to the 8 o'clock news last night on the radio?

W: No, I guess I must have dozed off.

Q: What does the woman mean?

男性：ゆうべ8時のラジオのニュースを聞いた？

女性：いいえ、たぶん、うたた寝をしていたんだわ。

設問：女性は何をいいたいのですか。

   (A) 彼女はラジオを聞かない。
   (B) 彼女は8時前にラジオを消した。
   (C) 彼女は忙しくてラジオを聞けなかった。
   (D) 彼女は寝入ってしまって、ラジオを聞かなかった。

解説 「doze off(うたた寝をする)」が聞き取りのポイント。ラジオを聞かなかったのはなぜか。寝てしまった(fell asleep)からである。

Q19　正解　(A)　🔊 MP3 020

スクリプト・訳

M: Debbie! It's been ages. I never see you around school anymore.

W: That's because I transferred to State College at the end of last term.

Q: What do we learn from this conversation?

男性：デビー！　久しぶり。学校ではもう、全然会わないね。

女性：だって、前の学期いっぱいでステート・カレッジに編入したのよ。

設問：この会話から何がわかりますか。

(A) 女性は今、別の学校に通っている。

(B) 女性は別の州に引っ越した。

(C) 女性は退学した。

(D) 女性は前の学期を最後に卒業した。

解説　「全然会わないね」といっている男性に、女性は「前の学期の終わりにステート・カレッジに編入した (transferred) の」と答えている。彼女は今、別の大学に通っているのである。

Q20　正解　(C)　🔊 MP3 021

スクリプト・訳

M: Good morning. May I speak with Ms. Homan, please?

W: I'm sorry, she's in a meeting just now, but I'll have her call you as soon as she's done.

Q: What will the woman probably do?

男性：おはようございます。ホーマンさんをお願いできますか。

女性：あいにく彼女は今、会議中ですので、会議が終わり次第、電話をかけさせます。

設問：女性はおそらく何をするでしょうか。

(A) ホーマンさんと会議をする。

(B) 男性に電話をかける。

(C) ホーマンさんに伝言を残す。

(D) 男性との会議の日程を調整する。

解説　女性は電話をかけてきた男性に「会議が終わり次第、電話をかけさせます」といっている。彼女は電話の後ホーマンさんに、電話をかけるようにメッセージを伝えることになるだろう。

Q21　正解（B）　📢 MP3 022

スクリプト・訳

W: Is that a new bicycle? What happened to your old one?

M: I still have it, but it was starting to look a little worse for wear.

Q: What does the man mean?

女性：それ新しい自転車？　前の自転車はどうしたの？

男性：まだ持ってるけど、少しガタがきはじめてるから。

設問：男性は何をいいたいのですか。

(A) 新しい自転車を買う価値はない。

(B) 彼の古い自転車は、よい状態にない。

(C) 彼は古い自転車を人手に渡してしまった。

(D) 彼は自分の自転車に乗ると疲れてしまう。

解説　ふたりは自転車について話している。男性のことばに注目。「少しガタ（a little worse for wear）がきはじめてる」。このことから彼の自転車がどのような状態であるかがわかる。

Q22　正解（D）　📢 MP3 023

スクリプト・訳

M: Bob's thinking of buying a new computer.

W: With all the money problems he's had recently?

Q: What does the woman imply about Bob?

男性：ボブは新しいコンピューターを買うつもりだよ。

女性：最近、お金のことでいろいろ大変なのに？

設問：女性はボブについて、どんなことをほのめかしていますか。

(A) 彼は最近、彼女から借金をした。

(B) 彼は自分のコンピューターに問題を抱えている。

(C) 彼は最近、コンピューターについて多くを学んだ。

(D) 彼はおそらく、新しいコンピューターを買うべきではないだろう。

解説　新しいコンピューターを買おうとしているボブについて、女性は「最近、お金のことでいろいろ大変なのに？」とコメントしている。彼女は、「買うべきではない」といっているのである。

Q23　正解（**C**）　🔊 MP3 024

スクリプト・訳

W: Is it hot enough for you today?

M: Hot? You could fry an egg on the sidewalk!

Q: What does the man mean?

女性：今日ってすごく暑い？

男性：暑いかって？　歩道で卵を焼けるくらい暑いよ！

設問：男性は何をいいたいのですか。

　(A) 彼は歩道に卵を落とした。
　(B) 彼は目玉焼きを食べない。
　(C) 彼は今日、とても暑いと感じている。
　(D) 彼は、散歩をするには暑すぎると思っている。

解説　「今日は暑い？」と女性。「歩道（sidewalk）で卵を焼けるくらい暑いよ」と男性。彼のことばから、いかに暑いかがわかる。

Q24　正解（**D**）　🔊 MP3 025

スクリプト・訳

W: Have you ever eaten sushi?

M: Once. But that was more than enough for me!

Q: What does the man mean?

女性：お寿司を食べたことある？

男性：一度ね。でも、あれで十分以上だったな！

設問：男性は何をいいたいのですか。

　(A) 彼は寿司を食べても満腹にならない。
　(B) 彼は寿司を食べることを楽しみにしている。
　(C) 彼はかつて、寿司を食べすぎた。
　(D) 彼は寿司が全く口に合わなかった。

解説　「寿司を食べたことがあるか」という質問に対して、男性はどう答えているか。「あれで十分以上（1回食べれば十分）だった（that was more than enough）」。彼は寿司が口に合わなかったといっている。

Q 25 　正解 （**A**）　📢 MP3 026

スクリプト・訳

M: Do you have any idea where I can get my prescription filled?

W: Why not go to Long's?

Q: What does the woman imply?

男性：どこで薬を処方してもらえばいいかな？

女性：ロングへ行けば？

設問：女性は何をいおうとしていますか。

(A) 男性はロングで必要な物が手に入る。
(B) 薬を処方してもらうのに時間がかかる。
(C) 男性の処方箋に間違いがあった。
(D) 男性は、しかるべき書類に記入する必要がある。

■ 解説 ■ 「どこで薬の処方をしてもらえ（get my prescription filled）ばいいかな？」と男性が聞いている。女性の答えは「ロング（薬局）へ行けば？」である。ロングで処方してもらえるのである。

Q 26 　正解 （**A**）　📢 MP3 027

スクリプト・訳

M: Would you rather have Chinese or Indian food for dinner tonight? I know a couple of good places.

W: Whatever you decide is fine with me.

Q: What does the woman mean?

男性：今夜の食事だけど、中国料理とインド料理のどっちがいい？　いくつかいい店を知ってるんだ。

女性：あなたの決めることならなんでもいいわ。

設問：女性は何をいいたいのですか。

(A) 男性がレストランを選んでいい。
(B) 彼女は何をしたらいいのか決めかねている。
(C) 彼女は中国料理の方を食べたい。
(D) 彼女は夕食に出かける気分ではない。

■ 解説 ■ 「どこへ食事に行こうか」という男性の問いかけに、女性は「あなたの決めることならなんでもいいわ」と答えている。彼女は、男性がレストランを選んでいいといっているのである。

Q 27　正解 (D)　🔊 MP3 028

スクリプト・訳

W: The ski club excursion will be from December 20 to the 23.

M: Oh, so the dates have been determined after all.

Q: What had the man assumed?

女性：スキー部の旅行は12月20日から23日までなの。

男性：ああ、じゃあ、やっと日にちが決まったんだね。

設問：男性は、それまでどう考えていましたか。

  (A) スキー旅行は12月にあるだろう。

  (B) スキー部は練習できないだろう。

  (C) スキー部は、すでにいつ集まるか決めていた。

  (D) スキー旅行の日程は確定していなかった。

解説　「スキー部の旅行は12月20日から23日までなの」と女性。それに対して男性は「やっと日にちが決まったんだね」と答えている。彼のことばから、日程がずっと決まらないままだったことがわかる。

Q 28　正解 (A)　🔊 MP3 029

スクリプト・訳

M: Don't you think this physics class is easy?

W: Speak for yourself!

Q: What does the woman mean?

男性：この物理学の授業、簡単だと思わない？

女性：余計なお世話よ！

設問：女性は何をいいたいのですか。

  (A) 彼女はその授業が難しいと思っている。

  (B) 彼女は授業で発表をしなければならない。

  (C) 彼女は男性に、いったことを繰り返してほしいと思っている。

  (D) 彼女は男性が授業でもっと発言した方がいいと思っている。

解説　Speak for yourself. の意味がわからなければ正解を見つけることはできない。この文脈では「自分の考えを人に押しつけないでよ。私には難しいんだから」という意味になる。

Q 29　正解 （C）　🔊 MP3 030

W: I heard that tuition will go up again next year. Do you think that's true?

M: Absolutely no question about it.

Q: What does the man mean?

女性：来年、また学費が上がるって聞いたけど、本当だと思う？

男性：確実だね。

設問：男性は何をいいたいのですか。

(A) 彼は女性が何を聞いているのかわからない。

(B) 彼は女性が高望みしていると思っている。

(C) 彼は学費が上がることを確信している。

(D) 彼は誰に聞けばいいのかわからない。

解説　男性のいったことば「確実だね」から、来年、学費(tuition)が再び上がるのは間違いない、と思っていることがわかる。

Q 30　正解 （B）　🔊 MP3 031

M: What should I do after I finish making those copies you asked for?

W: Collate and staple them, and make sure everyone on the staff gets a copy.

Q: What does the woman ask the man to do?

男性：頼まれていたコピーですが、とり終えた後はどうしましょうか。

女性：順番にそろえて、ホチキスでとめて、スタッフ全員の分があるか確認しておいて。

設問：女性は男性に何をするように依頼していますか。

(A) 皆にコーヒーを入れる。

(B) スタッフに書類を用意する。

(C) コーヒーを買いに行く。

(D) 業務報告書を書き終える。

解説　「コピーをとった後はどうしましょうか」と男性。「順番にそろえて(collate)、ホチキスでとめて、スタッフ全員の分があるか確認しておいて」と女性。彼女は資料を準備するように頼んでいるのである。

Part Bの指示文対訳　🔊))) MP3 **032**

指示文：このパートでは、いくつかの長めの会話を聞きます。それぞれの会話の後に、いくつかの設問が流れます。会話と設問は繰り返されません。設問を聞いた後に問題用紙に書かれた4つの選択肢を読み、最適なものを選びなさい。その後、解答用紙で問題番号を見つけ、あなたが選んだ解答に該当する箇所を塗りつぶしなさい。

🔊)) **音声のみの部分のスクリプトと訳**

N:　Go on to the next page.（次のページへ進んでください）

N:　Now we will begin Part B with the first conversation.（では、パートBの最初の会話がはじまります）

Q 31-34 🔊 MP3 033

スクリプト・訳

N: Listen to the following conversation between two students about a university class.

W: Didn't you take Dr. Alexander's "World Cultures" class last year, Sam?

M: Yes, why?

W: I'm interested in taking it next term and I have to register for classes tomorrow. I was wondering if you could give me some information about it.

M: It's a great class. Dr. Alexander gives fascinating lectures.

W: Is there a lot of work?

M: Let me try to remember. There are two exams, a midterm and a final exam. They aren't very difficult. You also have to write a research paper on one of the cultures that you study. That's the hardest part of the course; it has to be at least 20 pages. Oh, and you also have to give several five-minute oral reports to the class.

W: How many different cultures do you study in the class?

M: Five or six representative cultures from different parts of the world. Dr. Alexander is an expert on Far Eastern cultures, so you spend much more time on those cultures than on the others, almost half the term in fact. As for the other cultures, such as American or French, you spend about a week on each one.

W: It sounds like an interesting course. I just hope that it's not too much work. I'm taking some difficult courses next term, so I really can't afford to spend too much time on a course like this.

M: Don't worry. It's not so bad.

W: Well then, on your recommendation I guess I'll go ahead and register for it.

ナレーター：次の、大学の授業に関する、ふたりの学生の対話を聞きなさい。

女性：サム、去年、アレクサンダー博士の「世界の文化」の授業を取らなかった？

男性：取ったよ。どうして？

女性：私も来学期、その授業を取ってみようかと思うんだけど、明日、授業を登録しなくちゃいけないの。ちょっと教えてもらえないかしら。

男性：とてもいい授業だよ。アレクサンダー博士の講義はすばらしいね。

女性：たくさん勉強しなくちゃいけないの？

男性：どうだったかな。試験が2回、中間試験と期末試験があるけど、そんなに難しくないよ。それから、勉強する文化のひとつについて、研究リポートを書かなきゃならない。それがこの授業の一番大変なところかな。最低20ページは必要なんだ。そうそう、授業中に5分間の口述発表を何回かしなくちゃいけないな。

女性：授業では、いくつくらいの文化を取り上げるの？

男性：いろんな地域の代表的な文化を5つか6つだね。アレクサンダー博士は極東文化が専門だから、その地域の文化には、他よりもずっと長い時間を割くことになる。実際には学期の半分くらいかな。アメリカやフランスのような他の文化については、1週間ずつくらいだよ。

女性：面白そうな授業ね。あまり勉強が大変じゃなければいいんだけど。来学期は他にいくつか難しい授業を取るつもりだから、本当はこういう授業に、あまりたくさん時間を割けないのよ。

男性：大丈夫だよ。そんなに大変じゃないさ。

女性：それなら、お勧めに従って、授業を取ることにするわ。

Q31 正解 （**B**） 🔊 MP3 **034**

Q: In which department does Dr. Alexander probably teach?

設問：アレクサンダー教授はどの学部で教えていると考えられますか。

(A) 心理学。
(B) 文化人類学。
(C) 政治学。
(D) 芸術学。

解説 アレクサンダー教授はどこの学部で教えているのか。講義名は「世界の文化（World Cultures）」である。文化人類学（Anthropology）が正解である。

Q 32　正解（A）　🔊 MP3 035

Q: According to the man, what is the most difficult part of the course?
設問：男性によると、その授業の最も大変な側面は何ですか。

(A) 研究リポート。
(B) 中間テスト。
(C) 期末テスト。
(D) 口述発表。

解説　そのコースの最も大変なところ (the hardest part of course) は何か。20ページもの研究リポート (research paper) を書かなくてはならないこと、と男性が指摘している。

Q 33　正解（D）　🔊 MP3 036

Q: Which culture is Dr. Alexander probably the most familiar with?
設問：アレクサンダー教授が最も詳しいと思われるのはどこの文化ですか。

(A) アメリカ文化。
(B) フランス文化。
(C) トルコ文化。
(D) 中国文化。

解説　アレクサンダー教授の専門について男性は、an expert on Far Eastern cultures であるといっている。選択肢の中で極東に位置する地域の文化はどれか。Chinese である。

Q 34　正解（C）　🔊 MP3 037

Q: What will the woman probably do as a result of the conversation?
設問：このやりとりの結果として、女性は何をすると考えられますか。

(A) 彼女は後で決心する。
(B) 彼女は来週まで登録するのを待つ。
(C) 彼女はアレクサンダー教授の授業に登録する。
(D) 彼女はアレクサンダー教授の授業だけを取り、他の授業は取らない。

解説　この会話の後で女性は何をするだろうか。会話の最後の部分をしっかりと聞き取れば問題はない。「授業を取る (go ahead and register for it)」と彼女はいっている。

Q 35-38 🔊 MP3 038

N: Listen to the following conversation in a bank.

W: Good morning. May I help you?

M: Yes. I just moved here — I'm a new student at the university — and I need to open a bank account.

W: All right. What kind would you like to open?

M: Well, I'm not sure. What do you recommend?

W: If you don't have a checking account, you'll probably need some way to pay your bills, so a checking account would probably be the way to go. On the other hand, if you have a lot of cash on hand and you want to collect interest on it, maybe a savings account would be better.

M: I see. There's no interest on money in a checking account?

W: No. And if your balance drops below $100, there's a service charge of $1 on every check you write.

M: Gee. That's a lot of motivation to keep at least $100 in the account.

W: You would think so. But many students have trouble keeping any money at all in their checking account. They write overdrafts — and if you bounce a check, that is, if you don't have sufficient funds in your account to cover a check you write, there is a bank charge of $20 for each returned check.

M: Hmm. I guess that's even more incentive to have some discipline in my spending and record-keeping. Do you have any cash card services?

W: We certainly do. We have cash cards for both checking and savings accounts. And there are more than 20 ATM machines throughout the city where you can withdraw money 24 hours a day.

M: That sounds great. Well, I guess since I need some way to pay my bills I'd better go with a checking account.

W: All right. Please give me a minute and I'll get the appropriate forms for you to fill out.

ナレーター：次の銀行での会話を聞きなさい。

女性：おはようございます。ご用件を承りますが。

男性：はい。大学に入学しまして、こちらに引っ越してきたばかりなのですが。それで、銀行口座を開設しなければならないものですから。

女性：わかりました。どのような口座を開設なさいますか。

男性：いや、よくわからないんです。どういうのがいいのでしょうか。

女性：当座預金口座をお持ちでないのでしたら、請求書類へのお支払い手段として何か必要になるでしょうね。まずは当座預金口座がよろしいかと思いますが。あるいは、お手持ちの現金がかなりあって、その利息をお求めでしたら、普通預金口座の方がいいかもしれませんね。

男性：そうですか。当座預金には利息がつかないのですか。

女性：ええ、つきません。それに、預金残高が100ドルを切ると、小切手をお使いになるたびに1ドルの手数料をいただきます。

男性：へえ。それじゃ、どうしても口座に最低100ドルは残しておこうという気になりますね。

女性：そう思われますよね。でも、多くの学生さんが、当座預金にお金を全く残しておけないんですよ。そういうお客さまには、当座貸越をご利用いただきます。それで不渡りを出された場合、つまり、お使いになった小切手の金額分の残高が口座にない場合には、返送された小切手1枚につき20ドルの銀行手数料をいただきます。

男性：なるほど。そうなると、ますます出費と記帳に注意を払わなければという気になりますね。キャッシュカードは発行してもらえますか。

女性：ええ、もちろんいたします。当座預金口座、普通預金口座のどちらにもキャッシュカードがございます。市内20カ所以上にATMがあり、24時間お金を引き出せます。

男性：それはいいですね。それじゃ、請求書への支払い手段も必要なことだし、当座預金口座にします。

女性：かしこまりました。では、ちょっとお時間をいただけますか。書類をお渡ししますので、必要事項を記入してください。

Q35　正解（B）　MP3 039

Q: What is the main topic of this conversation?
設問：この会話の主題は何ですか。

(A) ATMの最良の使い方。
(B) この学生が、どのような種類の口座を開設すればよいか。
(C) 学生が請求額を支払うための新しい方法。
(D) 学生ローンのための書類の記入方法。

解説 この会話の主題は何か。出だしに注目。大学の新入生が、口座を開くために銀行へ行き、どのような口座にすべきか担当者に聞いている。正解は(B)である。

Q36　正解　(A)　🔊 MP3 040

Q: According to the woman, what is one advantage of a savings account?
設問：女性によると、普通預金口座の利点には何がありますか。

(A) 利子を受け取れる。
(B) 小切手を切れる。
(C) 簡単に請求額を支払える。
(D) 直接入金できる。

解説　普通預金の利点は何か。On the other hand, if you have a lot of cash～の部分を聞き取れたかどうかがポイント。「利息（interest）がつくことが利点である」と女性は説明している。

Q37　正解　(D)　🔊 MP3 041

Q: According to the woman, what problem do many students have?
設問：女性によると、多くの学生がどのような問題を抱えていますか。

(A) 彼らは請求額の支払いを拒否する。
(B) 彼らはクレジットカードを所有できない。
(C) 彼らは他の銀行からお金を振り込めない。
(D) 彼らは口座内に十分な資金を維持できない。

解説　学生はどのような問題を抱えることが多いのか。But many students have trouble～から正解がわかる。当座預金（checking account）に十分なお金を残せず、トラブルを引き起こすことになる。

Q38　正解　(B)　🔊 MP3 042

Q: What will the man probably do next?
設問：男性はおそらく次に何をするでしょうか。

(A) ATM を利用する。
(B) 当座預金口座を開設する。
(C) 普通預金口座を申し込む。
(D) 小切手を現金化する。

解説　男性は次にどのようなことをすることになるか。会話の最後の部分が聞き取りのポイント。担当者の説明を聞いた後で、彼は「当座預金口座にします（I'd better go with a checking account.）」と答えている。よって答えは (B) となる。

Listening Comprehension (Part C)

Part Cの指示文対訳　🔊 MP3 **043**

指示文：このパートでは、いくつかの短いトークを聞きます。トークの後に、いくつかの設問が流れます。トークと設問は繰り返されません。設問を聞いた後に問題用紙に書かれた4つの選択肢を読み、最適なものを選びなさい。その後、解答用紙で問題番号を見つけ、あなたが選んだ解答に該当する箇所を塗りつぶしなさい。

例を示します。注意深く聞いてください。

音声が流れます。

サンプルの設問を聞いてください。

問題用紙にある以下を読みます。

　南の端で登録するのは誰ですか。

　(A) 工学専攻の学生。

　(B) 大学院生。

　(C) 人文科学専攻の学生。

　(D) 理学専攻の学生。

「南の端で登録するのは誰ですか」という設問に対する最適な解答は(B)の「大学院生」です。従って、正しい選択肢は(B)です。

では、別のサンプル問題を聞いてください。

問題用紙を読みます。

　出口はどこにありますか。

　(A) 北側にある。

　(B) 南側にある。

　(C) 東側にある。

　(D) 西側にある。

「出口はどこにありますか」という設問に対する最適な解答は(C)の「東側にある」です。従って、正しい選択肢は(C)です。

🔊 **音声のみの部分のスクリプトと訳**

N: Listen to a woman giving a talk about registration.（登録に関する女性の話を聞きなさい）

All students who have not completed their registration procedures must quickly submit all necessary papers to the appropriate desk. Students in the humanities should go to the north end of the gym, those in engineering and science to the west side. Graduate students should register at the south end. Once you have finished registering, please leave promptly by the east exit. Those who cannot complete the procedures today should report to the administration building, Room 101, between 9:00 and 12:00 tomorrow morning.（登録手続きを終えていない学生は全員、ただちに全ての必要書類を当該の窓口に提出してください。人文科学専攻の学生は、体育館の北端へ行ってください。理工学専攻の学生は西側です。大学院生は、南の端で登録してください。登録を終えたら、東出口から速やかに退出してください。本日、手続きを完了できない人は、管理棟の101号室へ、明日の午前中9時から12時の間に出向いてください）

N: Now go on to the next page.（では、次のページへ進んでください）
N: Now let us begin with the first talk.（では、最初のトークがはじまります）

Q 39-42 🔊 MP3 044

N: Listen to the following talk in a botany class.

Some of the oldest living things on our planet are sequoia trees. Some may be 3,000 years old! Millions of years ago, sequoias grew in large forests throughout much of the world. There were many different kinds. Now, however, there are only two types, although there is a Chinese tree that is closely related to them. Both types, the redwood and the giant sequoia, are now mainly in California.

The redwoods are the tallest living trees. They grow more than 300 feet high, or about as high as a 30-story building. Many redwoods have trunks that are more than 10 feet in diameter. The wood of the redwood is extremely durable and is important in the lumber industry.

While not as tall as the redwoods, the trunks of the giant sequoias are much bigger. The diameter of the largest trunk is 36.5 feet. The wood of the giant sequoia, in contrast to that of the redwood, is very brittle. The dawn redwood is the only known close relative of the sequoias. Scientists once believed that it had become extinct millions of years ago. But in 1941, a Chinese forester discovered a dawn redwood tree growing in a hidden valley of central China. Fossil remains show that the dawn redwood once grew in North America as well as in Greenland, Siberia and Japan.

Unlike the true sequoias, which are evergreens, the dawn redwood is a deciduous tree. In other words, it loses its leaves each year in the autumn, and new ones appear in the spring.

ナレーター：次の植物学の授業での話を聞きなさい。

　この地球上に残る最古の生物に、セコイアの木があります。中には樹齢が3,000年に及ぶかもしれないものもあるのです！　何百万年も前、セコイアは世界中で大きな森林を形成するほど生育し、多くの品種がありました。しかし、今では2品種しか存在せず、他には中国原産の樹木に近縁種がひとつあるだけです。2品種とはレッドウッドとジャイアントセコイアで、そのどちらも現在では主にカリフォルニアに生育しています。

　レッドウッドは最も背の高い現生樹木で、300フィートを超える高さに成長します。これは30階建てのビルに匹敵します。多くのレッドウッドの幹が、直径10フィートを超えます。レッドウッドの木質は極めて耐久性が高く、製材業界で重用されています。

　ジャイアントセコイアはレッドウッドほどの高さにまでは成長しないものの、その幹ははるかに太く、最も太い幹の直径は36.5フィートに及びます。ジャイアントセコイアの木質は、レッドウッドとは対照的にとてももろいものです。ドーンレッドウッドが、唯一知られるセコイアの近縁種です。科学者たちはかつて、この種は何百万年も前に絶滅したと考えていました。しかし1941年に、ある中国人の山林学者が中国中央部にある秘境の渓谷に、ドーンレッドウッドが生育しているのを見つけたのです。化石から、ドーンレッドウッドがかつて北米やグリーンランド、シベリア、日本に生育していたことがわかっています。

　常緑樹である正真種のセコイアとは異なり、ドーンレッドウッドは落葉樹です。つまり、毎年秋に葉を落とし、春に新しい葉をつけるのです。

Q 39　正解 （C）　🔊 MP3 045

Q: What is this talk about?
設問：この話は何に関するものですか。

(A) カリフォルニアの正真種のセコイア。
(B) カリフォルニアの樹木。
(C) さまざまな種類のセコイア。
(D) 常緑樹と落葉樹。

解説　この話の主題は何か。出だしの部分にsequoiaが登場し、その後も繰り返しこのことばが使われている。また、話の中で、いくつかの種類のセコイアが出てくる。このことから正解が(C)であることがわかる。

Q 40　正解 （B）　🔊 MP3 046

Q: Where are the true sequoias found?
設問：正真のセコイアが見られるのはどこですか。

(A) カリフォルニアだけ。
(B) 主にカリフォルニア。
(C) カリフォルニアと中国。
(D) 世界のほとんどの地域。

解説　本物のセコイアが見られるのはどの地域か。〜 are now mainly in California からわかるように、(B) が答えである。mainly と primarily はほぼ同義。

Q41 　正解 （A）　🔊 MP3 047

Q: Which of the following statements can be inferred from the talk?
設問：この話から推測できるのは、次の記述のうちのどれですか。

(A) ジャイアントセコイアは製材業界で広く利用されているわけではない。
(B) 植物学者たちがシベリアで新種のセコイアを発見する見込みがある。
(C) 落葉樹は常緑樹よりも古い。
(D) レッドウッドはまもなく絶滅するだろう。

解説　この話から推測できるのは選択肢のうちのどれか。ジャイアントセコイアはレッドウッドに比べてとてももろい（very brittle）と話者は指摘している。このことから製材業では広く用いられていないだろうと推測できる。

Q42 　正解 （C）　🔊 MP3 048

Q: In what way is the dawn redwood different from the redwood and the giant sequoia?
設問：ドーンレッドウッドは、どのような点でレッドウッドやジャイアントセコイアと異なっていますか。

(A) より大きい。
(B) より広範囲で見つかっている。
(C) 毎年、落葉する。
(D) 絶滅している。

解説　話の最後の部分に問題を解くカギがある。ドーンレッドウッドは、落葉樹（a deciduous tree）で、毎年秋に落葉することが他の2種とは異なる点である。

Q43-46 🔊 MP3 049

スクリプト・訳

N: Listen to the following talk given by a university professor.

Quiet down, please, class. I'd like to begin. Today, I'm not going to focus on specific people and events like most of my history classes tend to do. Instead, I'm going to talk about some of the environmental changes caused by European settlers in North America. It's hard to believe that it was less than 400 years ago that the first white immigrants arrived. At that time, the country was rich in fish, bird, and animal life. Wildlife was the most valuable resource that the settlers used to supply their physical needs. At first, the small number of animals they killed had little effect on the wildlife population. As time went on and the settlers increased, however, animals were slaughtered in numbers that were far greater than the people could even use. Buffalo, for example, were killed by the hundreds of thousands and the only meat taken from them was their tongues. Their bodies were left to rot on the Great Plains. Passenger pigeons, which were once so numerous that they darkened the sky, were slaughtered to extinction, gunned down by settlers largely for sport. The same pattern holds true for nearly every other species of animal or bird that was hunted for food, with the exceptions of ducks and deer, which are still plentiful today.

ナレーター：次の大学教授による話を聞きなさい。

クラスの皆さん、静かにしてください。授業をはじめたいと思います。私はたいてい、特定の人物や出来事に焦点を当てて歴史の授業を進めますが、今日は違います。代わりに、ヨーロッパ移民によって北米で引き起こされた、いくつかの環境変化についてお話ししたいと思います。最初の白人移民が到着して400年たっていないというのは、信じがたいことです。当時、この土地には多くの魚・鳥・獣が生息していました。野生動物は移民たちにとって最も大切な資源で、それが彼らの生きるための需要を満たしたのです。当初、野生動物の殺傷数が少ないうちは、その個体数に及ぶ影響はほとんどありませんでした。ところが時代を経て、移民の数が増えるにつれ、大量の動物が殺されるようになり、その殺傷数は人間が利用可能な個体数をはるかに超えてしまいました。たとえば、何十万頭ものバッファローが殺されましたが、そこから取られた肉は舌だけだったのです。動物の屍骸はグレートプレーンズに放置され、腐敗するだけでした。リョコウバトは、かつて空一面をおおってしまうほど数多く生息していましたが、移民の手で主に娯楽として銃で撃ち落とされ、絶滅に追い込まれました。同じようなことは、食用に捕獲された鳥獣のうち、

今日でも豊富なカモや鹿を除く他のほぼすべての種に当てはまります。

Q43　正解　(D)　🔊 MP3 050

Q: To whom is this talk probably being given?
設問：この話は誰に向けられていると考えられますか。

　(A) 環境保護主義者。
　(B) スポーツマン。
　(C) 学者。
　(D) 歴史学専攻の学生。

解説　聴衆は誰か。出だしでclass（クラスの皆さん）ということばを使っている。また、続けてlike most of my history classes～ともいっている。話しかけている相手は学生であると考えるのが自然である。

Q44　正解　(D)　🔊 MP3 051

Q: What is the main topic of this talk?
設問：この話の主題は何ですか。

　(A) 移民はどのようにして生きるために必要な物資を獲得したか。
　(B) 最初のヨーロッパ系移民の世界観。
　(C) 初期のアメリカ史を思い出す必要性。
　(D) 白人移民によってもたらされた環境被害。

解説　この話の主題は何か。話者はI'm going to talk about some of the environmental changes caused by European settlers～と主題を述べてから、具体的な話に入っている。正解は(D)である。

Q45　正解　(B)　🔊 MP3 052

Q: What point is the speaker trying to make by referring to buffalo?
設問：バッファローに言及することで、話者はどのような点を指摘しようとしていますか。

　(A) 誰もその数が減少するとは考えなかった。
　(B) 体のほんの少しの部分しか食用にされなかった。
　(C) 狩猟が難しく危険だった。
　(D) グレートプレーンズがこの動物の本来の生息地だった。

■ 解説 ■ なぜ話者はバッファローに言及したのか。Buffalo, for example, ～only meat taken from them was their tongues. から、体のほんの一部しか食用として使われなかったことを話者は指摘したかったのである。

Q46 正解 （C） 🔊 MP3 053

Q: What does the speaker regard as the most important resource of the first settlers?

設問：話者は、初期の移民にとって最も大切な資源は何だったと考えていますか。

(A) 武器。
(B) 農耕技術。
(C) 土着の野生動物。
(D) 肥沃な土地。

■ 解説 ■ 話の中ほどで、Wildlife was the most valuable resource～とはっきりといっている。

Q47-50 🔊 MP3 054

スクリプト・訳

N: Listen to the following talk given by a cartoon collector.

Thank you for inviting me to talk to you today. I have been collecting cartoons since I was able to read my first comic book at the age of 5, and so I'm really happy to speak to your animation society today. I do hope, though, that you won't consider what I say as too "Mickey Mouse," since it's this very cartoon character that I want to talk about. Mickey Mouse was created by Walt Disney on March 16, 1928, nearly 90 years ago, on a train somewhere between Illinois and Colorado as the famous cartoonist traveled from New York to Hollywood. In the meantime, though, it's become unclear who is more famous, the creator or the creation. At the peak of Mickey's career, he appeared in more than 20 foreign newspapers, was inducted in Madame Tussauds wax museum, and over 100,000 people saw him each day on the screen. He is now, of course, the most popular character of Disney theme parks in the world. But Mickey did not always look as he does now. What I'd mainly like to do today is trace his growth and evolution. Please direct your attention to the overhead projector where I'm going to show you exactly how Mickey has changed during the last nine decades.

ナレーター：次の漫画収集家による話を聞きなさい。

　本日は講演者としてお招きいただき、ありがとうございます。私は5歳で初めて漫画本を読めるようになって以来、漫画を収集してきました。ですから、今日アニメ同好会の皆さんにお話しできて、大変うれしく思っております。ただ、私の話をあまりにも「（ミッキー・マウスのように）くだらない」と思わないでいただければ幸いです。というのも、私がお話ししたいのは、まさにその漫画の主人公ミッキー・マウスについてだからです。さて、ミッキー・マウスは90年近く前の1928年3月16日、著名な漫画家ウォルト・ディズニーがニューヨークからハリウッドに向かう途中、イリノイ州とコロラド州の間を走る列車の中で生み出しました。ところが、いつの間にか、生みの親と生み出された者のどちらがより有名なのかはっきりしなくなってしまいました。その成功がピークに達した時期、ミッキーは20以上もの外国の新聞に登場し、マダム・タッソーの蝋人形館に収められ、毎日10万人以上が彼の映画を見ました。もちろん、今も世界にあるディズニーのテーマパークで最も人気のあるキャラクターです。しかし、ミッキーがいつも今のような姿形だったわけではありません。今日、私は主に、彼の成長と発展をたどってみたいと思います。オーバーヘッドプロジェクターにご注目ください。ミッキーが過去90年の間にどう変わってきたかを正確にお見せいたします。

Q47　正解 （D）　🔊 MP3 055

Q: Who is the speaker talking to?
設問：話者は誰に向かって話していますか。

(A) 芸術学専攻の学生。
(B) プロの漫画家。
(C) ディズニー・ファン・クラブの会員。
(D) アニメ同好会の会員。

　■解説■　話をしている相手は誰か。so I'm really happy to speak to your animation society today から、聴衆が誰なのかがわかる。

Q48　正解 （C）　🔊 MP3 056

Q: What does the speaker say is the main subject of this talk?
設問：話者は、この話の主題が何だといっていますか。

(A) ウォルト・ディズニーの天賦の才。
(B) 漫画の歴史。
(C) ミッキー・マウスの進化。
(D) 有名な漫画キャラクターの誕生。

解説 話者は、話の主題は何だといっているか。too "Mickey Mouse"といった後で、繰り返しMickey Mouseが登場している。このことから正解が(C)であるのは明らか。

Q49　正解（**B**）　🔊 MP3 **057**

Q: According to the speaker, when was Mickey Mouse invented?
設問：話者によると、ミッキー・マウスが生み出されたのはいつですか。

(A) 1905年。
(B) 約90年前。
(C) 約100年前。
(D) 1938年。

解説 話者によると、ミッキー・マウスが生み出されたのはいつのことか。正確にMarch 16, 1928といっているが、ここではその後にいったnearly 90 years agoが正解になる。

Q50　正解（**A**）　🔊 MP3 **058**

Q: What does the speaker plan to do next?
設問：話者はこの次に何をするつもりですか。

(A) ミッキー・マウスの画像をいくつか見せる。
(B) ディズニーランドの発展を振り返る。
(C) 漫画のキャラクターを描く。
(D) ミッキー・マウスの人気について説明する。

解説 話者はこの次に何をするつもりか。最後の部分に注目。the overhead projector～show you～から(A)が正解であることがわかる。

Primary Checkpoints

　試験を受けてみた感想はどうだろうか。何か反省すべき点があっただろうか。問題を解く上で気づいたことがあれば、ノートにメモをしておこう。では早速、項目別にチェックしてみよう。

PRIMARY TEST　　　正解数　　Part A（＿＿＿＿）／ 30 問中
　　　　　　　　　　　　　　　　Part B（＿＿＿＿）／ 8 問中
　　　　　　　　　　　　　　　　Part C（＿＿＿＿）／ 12 問中
　　　　　　　　　　　　　　　　合計　（＿＿＿＿）／ 50 問中

1 ☐　Part A: 出だしで緊張してしまい、問題を解くリズムに乗れなかった。また、わからない問題にこだわりすぎて、次の問題文を聞き逃してしまうことがあった。

2 ☐　Part A: 会話のはじめの部分が聞き取れなくてあわててしまうことがあった。

3 ☐　Part A: 問題数が 30 問と多いため、20 問を過ぎたあたりで集中力が途切れてしまった（途切れそうになることがあった）。

4 ☐　Part B: 問題解説のときに、前のパート（Part A）のことが気になり、会話の出だしに神経を集中することができなかった。

5 ☐　Part B: わからない問題があると考え込んでしまい、次の設問文が流れてきてあわてることがあった。

6 ☐　Part C: 問題解説のときに、前のパート（Part B）のことが気になった。

7 ☐　Part C: わからない表現が出てくると、その語や語句の意味を考えてしまい、話の流れがわからなくなることがあった。

8 ☐　Part C: No. 39、43、47（それぞれの問題文の 1 問目の設問）ができなかった。

9 ☐　Part A、B、C: 全パートに共通したことであるが、あわててしまって選択肢を見る余裕などなかった。

10 ☐　Part A、B、C: 各パートの正解数にばらつきがある（例：Part C の正答率が他のパートに比べ低い）。

　以上の項目は、受験経験者からの声（反省点）を整理し、まとめたものである。いくつの項目に該当しただろうか。人によって該当する数が当然異なるだろう。しかし、出題傾向および問題攻略法を把握し、問題演習をとおして、問題を解くリズムを身につけていけば、いずれも克服できるものばかりである。本書はその目的のために作成されているのである。

　いよいよ本書を使って問題演習をスタートすることになるが、今一度、PRIMARY TEST を見直してほしい。解説を参考にした上で、自分の弱点（どのパートが苦手なのか）をチェックし、問題演習に取り組もう。

実力アップ

Part A
完全攻略

頻出問題の出題パターンを知り、2者による会話のリスニング問題を完全攻略するためのノウハウを身につけよう。

問題はこうして解く

出題形式	Part A

- **内容**：短い会話（通常男女）を聞き、その内容に関する設問に答える問題。
- 設問に答えるために与えられている時間は約 12 秒。
- **問題数**：30 問　　**所要時間**：約 15 分（Directions も含む）

当日	→	直前	→	問題解説	→	選択肢等を見る	→	会話文を聞く

→	選択肢等を読む	→	答えをマーク	→	次の問題へ

　このフローチャートに従って問題攻略法を順を追って解説しよう。

当日

　試験当日。当然、時間に余裕を持って試験会場に行く。ここで早速アドバイス。会場に行く途中、あるいは、会場で、ポータブルプレーヤーを使ってリスニングの音声（本書付属の音声など）を最初から聞いておく。誰もが試験の当日は緊張するものである。問題形式および手順を十分に理解しているつもりでも、あがってしまうと何がなんだかわからなくなるということがよくある。そのようなことがないように、問題形式の再確認をし、心を落ち着かせるのである。時間があれば、音声を聞くだけではなく、実際に問題を解いてみるといいだろう。以前に解いた問題でかまわない。問題を解くリズムを思い出すのである。

直前

　テスト用紙および解答用紙が配付される。まず、テスト用紙の裏に書いてある受験心得（General Directions）を読むように指示がある。問題の解き方およびマーク方法に関する説明である。難しい文章ではない。確認するつもりで読めばいい。次に、解答用紙を取り出し、音声の指示に従って氏名・受験番号・生年月日・TOEFL 受験回数などを記入する。指示はもちろん英語だが、ゆっくりと丁寧に説明されるのであわてることはない。

問題解説

　音量調節の後、問題解説（Directions）がはじまる。［Wait］サインがあり、前もって設問と選択肢を見ることができなくなっているので要注意。周りの目を気にしながらページをめくり、こそこそと選択肢等を見ることはない。不正行為と見なされ

てはつまらない。出題形式は頭に入っているはずである。この時間は、ウォーミングアップのつもりで問題に備える。とにかくリラックスするように心がける。問題解説が終わりに近づいた時点で、自分にいい聞かせるように次のキーワードを唱えてみるといいだろう。「集中力」「こだわるな」（この2点については後述）。

選択肢等を見る

　問題解説が終わり、"Now go on to the next page." と指示がある。ページを素早くめくり、会話文が流れてくるまでの短い時間を利用して1問目の設問と選択肢に目をとおす。見方にもいろいろある。設問の後に (A) から (D) 全部に目をとおす、(A)(B) だけ、あるいは (A) と (D) を見る、など。まず、各選択肢に共通している語（句）、次に、共通していない語（句）をチェックする。こうすることで聞き取るポイントを絞り込むようにするのである。ここで具体例を示しておこう。次の設問と選択肢をサッと見てほしい（問題文となる会話文は見ないこと）。
（p.15 の Directions の前半部分が流れる）

シミュレーション1 🔊 MP3 059

What does the woman mean?
(A) She has trouble waking up in the morning.
(B) She needs to catch a plane later today.
(C) She isn't traveling until the following evening.
(D) She doesn't need to register.

　設問と選択肢を読むと、女性の発言から彼女の行動について聞き取ればよいことがわかる。また、morning、today、evening などの時に関する表現がある。それでは、音声を再生して……正解は？

　では、解説しよう。問題の会話文は次のとおり。

▶ 問題文スクリプト・訳

M: Please sign the register, ma'am. Would you like a wake-up call in the morning?
W: That won't be necessary. My plane doesn't leave until 6 p.m.
Q: What does the woman mean?
男性：この宿泊者カードにサインをお願いいたします。明朝のモーニングコールはいかがいたしましょうか。
女性：結構です。午後6時発の便ですから。

設問： 女性は何をいいたいのですか。
　　　(A) 彼女は朝起きるのに苦労している。
　　　(B) 彼女は今日、後で飛行機に乗らなければならない。
　　　(C) 彼女は翌日の夕刻まで移動する予定はない。
　　　(D) 彼女は登録する必要がない。

▶ 解答と解説　　正解 ：C

　女性の発言に注意しながら音声を聞く。「この宿泊者カードにサインをお願いいたします。明朝のモーニングコールはいかがいたしましょうか」と男性。それに対して女性は「結構です。午後6時発の便ですから」と答えている。彼女のことばから、何がわかるか。正解はもちろん (C)「翌日の夕刻まで移動する予定はない」である。

　事前に設問と選択肢をチェックし、聞き取るポイントをある程度絞っておいたので、それだけ会話文が聞き取りやすくなったのではないか。

　もうひとつ模擬練習をしておこう。上と同じ要領で設問と選択肢を見てみよう。

シミュレーション2 ◀)) MP3 060

What does the woman say about Bill?
(A) He bought a new car.
(B) He had his car painted blue.
(C) He fixed his old car.
(D) He is having his car repaired.

　各選択肢に共通している語は何か。主語の He と目的語の car である。この2点を頭に入れて、特に女性の発言に注意しながら会話文を聞く。さて……正解は？

　会話文は以下のとおりである。

▶ 問題文スクリプト・訳

M: Does Bill have a new car?
W: No, he's just renting that blue one while his is being fixed.
Q: What does the woman say about Bill?
男性： ビルは車を新しくしたの？
女性： いいえ、自分の車を修理に出している間、あの青い車を借りているだけよ。
設問： 女性はビルについて何といっていますか。

(A) 彼は新しい車を買った。
(B) 彼は車を青く塗装した。
(C) 彼は古い車を修理した。
(D) 彼は車を修理に出している。

◉ 解答と解説　　**正解**：**D**

「ビルは車を新しくしたのか」という男性の問いに対して、「自分の車を修理に出している間、あの青い車を借りているだけよ」と女性が答えている。「女性はビルについて何といっているのか」。正解は……(D) である。

　以上のシミュレーションからもわかるように、設問と選択肢をあらかじめチェックすることで、聞き取るポイントを絞り込むことができるばかりでなく、どのようなトピックなのかある程度予測することもできるのである。設問と選択肢からの情報をいかに活用するかが Part A 攻略のカギを握っているといえるだろう。

会話文を聞く

　TOEFL ITP では、一度しか読まれない会話文の内容を即座に理解し、設問に答えなくてはならない。2017 年から書き込みが許されるようになったが、会話の時間は短いので、書き込みに頼りすぎず、聞き取りに集中したい。そして 12 秒の解答時間内で、答えを見つけ、マークし、次の問題の設問と選択肢を見ることになる。ここでものをいうのが「集中力」（キーワード 1）である。Part A は 30 問という長丁場でもある。いかに集中力を持続するかも大事なポイントとなる。わからなかったらどうしよう、と不安になったり、他のことを考えたりしてはいけない。とにかく聞こえてくる英文に集中する。聞き取った会話文の中にはわからない単語や語句が出てくることもあるだろう。しかし、わからないからといって、その箇所に「こだわってはいけない」（キーワード 2）。あわてずに、理解できた範囲で妥当だと思える答えを選ぶようにする。

　聞き取るポイントはすでに絞ってある。会話文が流れてくる。まず第 1 話者、続けて第 2 話者。スムーズに会話の流れが把握できれば問題はないが、いつもそううまくいくとは限らない。第 1 話者のことばの意味が把握できないこともある。ここで登場するのがキーワード 3「チャンスは 2 度ある」である。なぜ 2 度か。それは、第 2 話者のことばが残っているからである。はじめのことばがわからなかったからといって、あわててはいけない。次の話者のことばを聞くことで、多くの場合、だいたいの会話の流れをつかむことができるからである。

What does the man imply about taking the train?
(A) It's much quicker than driving.
(B) It costs about the same as driving.
(C) It's much more expensive than driving.
(D) It takes about three hours longer than driving.

　シミュレーション問題を使って具体的に説明しよう。まずは設問と選択肢をチェック！

　特に男性の発言に答えのカギがあること、そして各選択肢に It と driving が共通していることがわかる。この点を頭に入れて音声を聞く。……正解は？

▶ 問題文スクリプト・訳

W: What about taking the train instead of driving the three hours it takes to get to Los Angeles?

M: That's a good idea. When you figure in gas and everything, it's not that much different in price.

Q: What does the man imply about taking the train?

女性：ロサンゼルスに行くのに3時間かかるなら、車じゃなくて列車で行ったらどう？

男性：いい考えだね。ガソリンやその他の全費用を計算に入れたら、そんなに大きな違いはないからね。

設問：男性は列車で行くことについて、どのようにいっていますか。

　　(A) 車を運転するよりもずっと早い。
　　(B) 車を運転するのと同じくらいの費用である。
　　(C) 車を運転するよりも費用がずっと高い。
　　(D) 車を運転するよりも3時間長くかかる。

▶ 解答と解説　　正解▶：B

　女性のことばは長く、その内容も難しい。しかし、彼女のいったことばがよくわからなかったとしても、男性のことば、特に、後半のことばの意味がキャッチできれば質問には答えられる。この点に注目してほしい。答えは (B) である。

　出だしの文がわからなくても、パニックに陥ってはいけない。次の発話文がまだ残っている。「チャンスは2度ある」。このことを忘れないでほしい。

選択肢等を読む

　設問と選択肢。ここで注意しておきたいことがある。リスニングテストというと、どうしても聞き取りばかりに気を取られがちである。しかし、速読の能力も問われていることを忘れてはならない。短時間で設問と選択肢 (A) から (D) の４つの英文を読み、理解するのはなかなか大変な作業である。ゆっくりと読んでいる余裕などない。ザッと目をとおして、意味の違いを把握しなければならない。日ごろから、設問と選択肢速読の練習をしておく必要があるのだ。

　話を元に戻そう。設問と選択肢に素早く目をとおし、答えを見つける。わからないときには、聞き取れた範囲内で判断するしかない。ここで登場するのがキーワード４「リズム」である。答えがわからない場合には、最も妥当だと思えるものを選べばよい。あるいは前の方を見て、数の少なそうな記号を選んでもいい。考え込んで、次の会話文が流れてきてしまった、ということがないように注意したい。問題を解くリズムの大切さは受験経験者の誰もが指摘していることである。また、このことは Part A ばかりではなく Part B・C にも当てはまる。リズムに乗ることが、リスニングテストで高得点を取るカギを握っているといってもいいだろう。

答えをマーク

　解答用紙に解答を記入する。ここでも迷ってはいけない。問題の中にはやさしいものもあれば難しいものもある。答えがどうしてもわからないときには、ヤマ勘でもかまわない。減点法は採られていないので、とにかく答えをマークすることである。わからないからといっていつまでもこだわっていると、結果的には、次の問題の設問と選択肢を見る時間がなくなるどころか、会話文までも聞き逃し、問題を解くリズムを崩してしまう。「こだわるな」「リズム」。ここで再びキーワード２、４の登場である。

　さらにもうひとつアドバイスをしておこう。何もそこまで、といわれるかもしれない。マーク方法についてである。たかがマーク、されどマークである。日ごろから能率的な●印のつけ方を練習しておいてほしい。少しでも時間を節約するためである。また、七つ道具とまではいわないが、マークシート用に自分に合った筆記用具を用意しておくといい。試験会場で、自分が使って練習してきた鉛筆や消しゴムを見るだけでも、心が落ち着き、「さあやるぞ」、という気持ちになるものである。

次の問題へ

　こだわりを捨て次の問題へ。設問と選択肢をチェックし、聞き取りのポイントを絞り込み、会話文を聞く。はじめの英文がわからなくてもあわてることはない。キーワード３を思い出そう。「チャンスは２度ある」。第２話者のことばに集中すればいい。さらに、こだわりを捨て、あわてない。問題を解く「リズム（キーワード4）」を崩さないように心がけることも忘れてはならない。

🎤 出題傾向を教えます

Part A の出題傾向を、過去の出題を参考にしながら項目別にまとめてみよう。

DATA 1 会話文の内容

出題される会話文は、日常生活や大学生活に関するものがほとんどである。話題は、大学の授業（試験・成績・課題）・読書・娯楽・趣味・休暇などさまざまである。使われている語彙はそれほど難しくはないが、熟語表現（出題例は DATA 3 を参照のこと）が用いられることがあるので注意が必要である。日ごろから、決まり文句やイディオムなどを積極的に覚えるといいだろう。

DATA 2 質問文の出題パターン

問題を分析してみると、質問文の出題パターンには一定の傾向があることがわかる。頻度の高いものを以下に紹介しよう。

(1) 意図を問う
What does the man mean/imply?
(2) 行動を問う
What does the woman want to do?
(3) 場所を問う
Where does this conversation most probably take place?
(4) 理由を問う
Why is/does/did the man ～ ?
(5) 意見を問う
What does the man say about ～ ?
(6) 職業を問う
Who is the man?
What is the woman's job/occupation?
(7) 話題を問う
What are they discussing/talking about?
(8) 何が起こったかを問う
What happened to the woman?
(9) 何を提案しているかを問う
What does the woman suggest?

(10) 会話から何がわかるかを問う

What do we learn from the conversation?

What can be inferred form the conversation?

さらに最近の TOEFL ITP Part A の出題傾向を見ると、前ページのリストのうち、What does the man mean/imply? などのように、mean あるいは imply を使った問題が特に多くなっている。これは、文脈の中での話者の意図や考えを問うことに重点を置く、という ETS の基本姿勢の表れであるといえるだろう。

今後も Part A では、mean、imply を中心とした質問文が出題されることになると考えられるが、どのような質問にも対応できる英語力をつけておく必要があることはいうまでもない。

DATA 3 重要表現（Key Idioms）   MP3 062

では、過去にリスニングセクションに出題された表現の具体例を見てみよう。問題は全部で 40 問である。音声を聞きながら、それぞれの英文の意味を考えてみよう（下線部がポイントとなる表現である）。

1. When she heard the news, she beamed all over.
2. Our weekend plans are still up in the air.
3. Could you fill me in on what the lecture was about?
4. Jane had her son do the laundry.
5. I didn't know how to express myself then.
6. Don't meddle in other people's business.
7. He came down with the flu a couple of days ago.
8. The game was called off because of the bad weather.
9. How many courses are you going to register for this semester?
10. Stop poking fun at me, will you?
11. We're running out of gas.
12. Make yourself comfortable and help yourself to the cookies.
13. Would you care for a cup of coffee?
14. Sorry, but I mistook you for a friend of mine.
15. You'd better not talk to him now. He's in a bad mood this morning.
16. He was so lost in thought that he didn't notice the phone was ringing.
17. Who do you think I ran into on my way home?
18. I'm going to let you off at the intersection.
19. Could you please fill out this form while you wait?

20. Tom is head and shoulders above his friends in skiing.
21. OK, let's split the bill tonight.
22. She doesn't understand American football in the least.
23. I would rather watch TV than go to the movies.
24. The necklace in the window caught her eye.
25. John was really feeling down in the dumps last night.
26. Come on. Don't beat around the bush!
27. I'm thinking about trading in my car for a new one.
28. I forgot to turn in the books at the library.
29. I'm dying of hunger.
30. He always puts things off until the last minute.
31. The boy was so happy that he could hardly contain himself.
32. I couldn't agree with your opinion more.
33. I couldn't picture myself as a lawyer.
34. Mary was told to keep an eye on the baby.
35. There are rumors that he will run for mayor.
36. You should take advantage of this opportunity.
37. The man eats like a horse.
38. He must've dozed off while he was reading.
39. We should've backed him up at the meeting.
40. They were talking so loud I couldn't hear myself think.

下線部の意味 (原形の意味を掲載している)

1. 満面に笑みを浮かべる	15.機嫌が悪い	29.お腹がペコペコで
2. 未定で	16.考え込む	30.延期する
3. 詳しく説明する	17.出くわす	31.自制する
4. 洗濯をする	18.降ろす	32.大賛成である
5. 自分の思ったことをいう	19.記入する	33.想像する
6. おせっかいを焼く	20.はるかに優れている	34.注意して見る
7. (病気) になる	21.割り勘にする	35.立候補する
8. 中止する	22.少しも〜ない	36.利用する
9. 登録する	23.〜より…したい	37.大食いである
10.からかう	24.目に留まる	38.うたた寝をする
11.なくなる	25.気が滅入る	39.支持する
12.自由に食べる	26.遠回しない方をする	40.(騒々しい中で) 考える、
13.好む	27.下取りに出す	考えをまとめる
14.勘違いする	28.(本) を返却する	

　さて、いくつ理解できただろうか。わからなかった表現はしっかりチェックをし
ておこう。

練習問題で実力アップ

「問題はこうして解く」「出題傾向を教えます」は、問題を解く手順および出題内容を学ぶ、いわば理論編である。ここからは、Part Aの問題演習をとおして、自分流攻略法を試行錯誤しながら体得する実践編がスタートする。Practice Testは2セット用意してある。それぞれのテストにはテーマが設けられているので、指示に従って問題に取り組んでほしい。

Practice Test 1
テーマ1：設問と選択肢からトピックを予測する

Practice Test 2
テーマ2：第2話者に注目する

テーマ1：設問と選択肢からトピックを予測する

　設問と選択肢を見ることで、どのようなトピックの問題文なのかがわかる場合がある。特に選択肢が重要なのでその活用法を工夫してみよう。

　問題は30問。途中で音声を止めてはいけない。問題解説（Directions）は省略してある。音声をスタートする前に10秒ほど設問と選択肢を見てもかまわない。テストは "Practice Test 1. Number 1." ではじまる。

Q1　◁)) MP3 063
What does the woman do?
(A) She is a messenger.
(B) She is a receptionist.
(C) She is a physician.
(D) She is a nurse.

Q2　◁)) MP3 064
What does the man say about John?
(A) He'll graduate this year.
(B) He'll graduate next year.
(C) He may not graduate on time.
(D) He has already graduated.

Q3　◁)) MP3 065
What does the woman mean?
(A) She wants to watch both programs.
(B) She does not want to watch television.
(C) She does not mind which program the man chooses.
(D) She thinks that television is a waste of time.

Q4　◁)) MP3 066
What does the man say about Janice?
(A) She's been thinking about taking a swimming course for a long time.
(B) She enjoys swimming almost any time at all.
(C) Recently she has become too busy to swim.
(D) She has gone swimming with her friends.

Q5 🔊 MP3 **067**

What does the man suggest?

(A) Her roof needs to be repaired.

(B) She should visit a dentist.

(C) She should tell the truth.

(D) He wants to tow her car.

Q6 🔊 MP3 **068**

What does the man imply?

(A) He is angry with the manager.

(B) He wants to get a job there.

(C) He is satisfied with the service.

(D) He has a complaint about the service.

Q7 🔊 MP3 **069**

What does the woman mean?

(A) She lent some earrings to Mary.

(B) Mary bought her some earrings.

(C) Mary looks beautiful in earrings.

(D) She would also like some earrings.

Q8 🔊 MP3 **070**

What will the man do next?

(A) Leave the woman's home.

(B) Catch a flight.

(C) Go to sleep.

(D) Have dinner.

Q9 🔊 MP3 **071**

What does the woman mean?

(A) She has a better idea.

(B) She isn't sure that she can go.

(C) She would like to think about it.

(D) She will accept the man's invitation.

Q10 🔊 MP3 072

What did the woman think of the concert?

(A) She will never go again.

(B) She thought it was excellent.

(C) She thought it was too long.

(D) She didn't like the final piece.

Q11 🔊 MP3 073

What does the man imply?

(A) The woman will probably miss her train.

(B) He will get the woman to the station on time.

(C) The road is blocked.

(D) He would like the woman to pay now.

Q12 🔊 MP3 074

What does the man mean?

(A) The movie has been postponed.

(B) Only this week there will be no movie.

(C) Films are shown once every two weeks.

(D) There were movies during the other weeks.

Q13 🔊 MP3 075

What will the man probably do?

(A) Find another seat.

(B) Stand for a while.

(C) Save the seat himself.

(D) Sit down next to the woman.

Q14 🔊 MP3 076

What does the woman mean?

(A) She wants ice cream for dessert.

(B) Ice cream is better than dinner.

(C) She always eats ice cream.

(D) Ice cream will be served soon.

Q15 🔊 MP3 077

What does the man mean?

(A) Ralph's life may be in danger.

(B) Ralph is not mentally stable.

(C) Ralph would have to work extremely hard.

(D) Ralph is not strong enough to carry that much.

Q16 🔊 MP3 078

What is the man doing?

(A) Buying stamps.

(B) Fixing his schedule.

(C) Checking out a library book.

(D) Shopping for stationery.

Q17 🔊 MP3 079

What does the woman say about the drama performance?

(A) It will occur in approximately two weeks.

(B) It is being rescheduled from the current week.

(C) It will be held this week.

(D) It is now planned for the following week.

Q18 🔊 MP3 080

What will Virginia probably do?

(A) Visit the woman again.

(B) Talk with the woman now.

(C) Return the woman's call.

(D) Have the man phone again.

Q19 🔊 MP3 081

What does the man mean?

(A) He can't find the book he's looking for.

(B) The book is on the bottom of the bookshelf.

(C) He finds the book extremely interesting.

(D) The book deserves to be criticized.

Q20 🔊)) MP3 082

What does the woman mean?

(A) She hasn't tried to phone Mark.

(B) Mark has called her three times.

(C) Mark doesn't like the telephone.

(D) She's attempted to call Mark several times.

Q21 🔊)) MP3 083

What does the man imply?

(A) He was frequently absent.

(B) The teacher canceled the lab.

(C) He missed classes once or twice.

(D) The lab was mostly uninteresting.

Q22 🔊)) MP3 084

What does the man suggest the woman do?

(A) Let him drive her car.

(B) Borrow a friend's car.

(C) Reschedule her trip.

(D) Get her tire fixed.

Q23 🔊)) MP3 085

What does the man ask the woman to do?

(A) Wait for a while before she goes.

(B) Do some shopping for him.

(C) Put whipping cream on the cake.

(D) Put some things in the storeroom.

Q24 🔊)) MP3 086

What can be inferred from this conversation?

(A) Tom and his roommate seldom smile.

(B) Tom is going to change roommates.

(C) Tom and his roommate know how to sew.

(D) Both Tom and his roommate study hard.

Q25 ◁)) MP3 087

What does the woman mean?

(A) She would like to go to the library.

(B) She would actually prefer to stay home.

(C) She doesn't know what she wants to do.

(D) She has already decided what she would like to do.

Q26 ◁)) MP3 088

What can be inferred from the man's comment?

(A) He prefers ice to snow.

(B) He cannot see the snow.

(C) The weather conditions are improving.

(D) The road is probably slippery.

Q27 ◁)) MP3 089

What does the woman mean?

(A) The bank is ahead on the right.

(B) The bank has changed its hours.

(C) The bank has moved its location.

(D) The bank is open on Saturday mornings.

Q28 ◁)) MP3 090

What does the man imply?

(A) No parking is permitted on the street.

(B) He couldn't park on the street.

(C) He would like to walk in the park.

(D) The meters were not working.

Q29 ◁)) MP3 091

What had the woman assumed?

(A) Grades for the class were not yet available.

(B) She also received a low grade.

(C) The man had done well in the class.

(D) The chemistry class was not that difficult.

Q30 🔊)) MP3 092

What are the man and woman probably doing?

(A) Moving furniture.
(B) Playing tennis.
(C) Hanging a picture.
(D) Taking a photograph.

This is the end of Practice Test 1.

Part A 完全攻略

Practice Test 1

1	B	11	B	21	C
2	B	12	C	22	D
3	C	13	D	23	B
4	A	14	A	24	D
5	B	15	C	25	A
6	D	16	D	26	D
7	A	17	A	27	B
8	A	18	C	28	B
9	D	19	C	29	A
10	C	20	D	30	C

解答と解説	**Practice Test 1**

Q1 　正解 **(B)** 　🔊 MP3 063

スクリプト・訳

M: Is Dr. Alexander in?

W: He has an appointment now. Can I take a message?

Q: What does the woman do?

男性：アレクサンダー博士はいらっしゃいますか。

女性：彼は今接客中です。メッセージをお受けしましょうか。

設問：女性の仕事は何ですか。

  (A) 彼女は配達係だ。

  (B) 彼女は受付係だ。

  (C) 彼女は医者だ。

  (D) 彼女は看護師だ。

解説　女性の職業を問う問題だ。女性は電話を取り、メッセージを受けている。彼女の職業は何か。受付係 (receptionist) と考えるのが最も自然である。

Q2 　正解 **(B)** 　🔊 MP3 064

スクリプト・訳

W: Has John begun looking for a job yet?

M: No, he won't graduate from college until a year from this May.

Q: What does the man say about John?

女性：ジョンはもう仕事を探しはじめているの？

男性：いいえ、彼はこの5月から先1年間は大学を卒業しません。

設問：男性はジョンについて何といっていますか。

  (A) 彼は今年卒業する。

  (B) 彼は来年卒業する。

  (C) 彼は予定どおりに卒業しないかもしれない。

  (D) 彼はすでに卒業した。

解説　男性のことばに注目。not ～ until a year from this May が多少ややこしいが、難しく考える必要はない。not ～ until... は「～するのは…からだ」と頭から語順どおりに理解するとよい。ジョンは早くても来年5月に卒業することになるのである。

Q3　正解　(C)　🔊 MP3 065

M: Would you like to watch the new game show or the mystery movie?

W: Oh, it really makes no difference to me.

Q: What does the woman mean?

男性：新しいゲーム番組とミステリー映画、どっちを見たい？

女性：ああ、私には、どっちも大して違わないわ。

設問：女性は何をいいたいのですか。

　(A) 彼女はどちらの番組も見たい。

　(B) 彼女はテレビを見たくない。

　(C) 彼女は男性がどちらの番組を選んでもかまわない。

　(D) 彼女はテレビが時間の無駄だと思っている。

解説　彼女がテレビ（番組）についてどう思っているかが聞き取りのポイント。「どちらの番組を選ぼうと状況は変わらない（makes no difference）」といっている。正解は (C)。

Q4　正解　(A)　🔊 MP3 066

W: Did you hear Janice is taking swimming?

M: Really? She's been talking about it for years.

Q: What does the man say about Janice?

女性：ジャニスが水泳教室に通うって聞いた？

男性：本当？　彼女は水泳教室に通うってずっと前から話してるからね。

設問：男性はジャニスについて何といっていますか。

　(A) 彼女は長い間水泳教室に通おうと思ってきた。

　(B) 彼女は、ほぼいつでも水泳を楽しんでいる。

　(C) 最近、彼女は忙しすぎて水泳ができなくなっている。

　(D) 彼女は友人と水泳に出かけた。

解説　選択肢から she と swim / swimming が聞き取りのポイントになっていることがわかる。男性が「ジャニスは水泳教室に通うことをずっと前から話してるからね」といっている。(A) が正解となる。

Q 5　正解　(B)　🔊 MP3 067

スクリプト・訳

M: If I were you, I'd have that tooth pulled.

W: Yes, I suppose you're right.

Q: What does the man suggest?

男性：僕なら、その歯を抜いてもらうね。

女性：そうね、たぶんあなたが正しいと思うわ。

設問：男性は何を提案していますか。

(A) 彼女の家の屋根は修理してもらう必要がある。

(B) 彼女は歯科医院へ行った方がいい。

(C) 彼女は本当のことをいった方がいい。

(D) 彼は彼女の車をけん引したい。

解説　選択肢を見る。ほとんど共通点がない。このような場合には、キーワードとなりそうな語（例：repaired、dentist など）をいくつか押さえておくといい。会話文を聞く。have that tooth pulled（歯を抜いてもらう）が聞き取れれば、すぐに歯科医（dentist）のことが思い浮かぶはずである。

Q 6　正解　(D)　🔊 MP3 068

スクリプト・訳

W: Is something wrong, sir?

M: Yes, I'd like to talk to the manager.

Q: What does the man imply?

女性：どうかなさいましたか、お客さま？

男性：ええ、マネジャーと話をしたいのですが。

設問：男性は何をほのめかしていますか。

(A) 彼はマネジャーに腹を立てている。

(B) 彼はそこで仕事をしたい。

(C) 彼はサービスに満足している。

(D) 彼はサービスに不満がある。

解説　男性は何をほのめかしているのか。男性の感情がポジティブかネガティブか見極める必要があるようだ。「マネジャーと話をしたい（何かいいたいことがある）」、といっている。つまりサービスに対して不満があるのだ。

Q 7　正解　(A)　🔊 MP3 069

スクリプト・訳

M: Mary has some beautiful earrings.

W: The ones she's wearing are mine.

Q: What does the woman mean?

男性：メアリーは素敵なイヤリングを持ってるね。

女性：彼女がつけてるのは、私のよ。

設問：女性は何をいいたいのですか。

　(A) 彼女はメアリーにイヤリングを貸してあげた。
　(B) メアリーは彼女にイヤリングを買ってあげた。
　(C) イヤリングをつけたメアリーは美しい。
　(D) 彼女もイヤリングが欲しい。

解説　女性とメアリーとイヤリングの関係を整理しながら聞く。女性の発言から、彼女がメアリーにイヤリングを貸してあげたことがわかる。

Q 8　正解　(A)　🔊 MP3 070

スクリプト・訳

M: I'm really sorry for leaving so early, but I've got a plane to catch early in the morning.

W: We're just glad we could finally have you over for dinner.

Q: What will the man do next?

男性：申し訳ありませんが、早めに失礼します。朝早く飛行機に乗らなければならないので。

女性：やっと夕食にお招きできて、本当によかったです。

設問：男性は次に何をしますか。

　(A) 女性の家を出る。
　(B) 飛行機に乗る。
　(C) 眠る。
　(D) 夕食をとる。

解説　男性の発言に注意して聞く。「すみません、早めに出ます」といっているので(A)。planeに引きずられて(B)を選ばないように。

Q9　正解 （D）　🔊 MP3 071

スクリプト・訳

M: Would you like to go to the dance performance tomorrow night?
W: What a nice idea!
Q: What does the woman mean?
男性：明日の夜、ダンスのパフォーマンスを見に行かない？
女性：それはいいわね！
設問：女性は何をいいたいのですか。

(A) 彼女には、もっといい考えがある。
(B) 彼女は行けるかどうかわからない。
(C) 彼女は、それについて検討したい。
(D) 彼女は男性の誘いを受けるつもりだ。

　解説　女性が何らかのアイデアに対してどう反応するかがポイント。「明日の夜、ダンスのパフォーマンス見に行かない？」という男性の誘いに対して、女性はWhat a nice idea! と肯定的に答えている。つまり、彼の誘いを受けたのである。

Q10　正解 （C）　🔊 MP3 072

スクリプト・訳

M: Wasn't that an excellent concert last night?
W: It was OK, but they played too many pieces. I thought it would never end.
Q: What did the woman think of the concert?
男性：ゆうべのコンサートは素晴らしかったね。
女性：悪くなかったけど、曲目が多すぎたわね。永久に終わらないかと思ったわ。
設問：女性はコンサートについてどう思いましたか。

(A) 彼女は二度と行かないだろう。
(B) 彼女は素晴らしいと思った。
(C) 彼女は長すぎたと思った。
(D) 彼女は最後の曲が気に入らなかった。

　解説　コンサートの感想がトピックだ。女性のことばに注目しよう。too many pieces（あまりに多すぎる曲目）と never end から、コンサートは長すぎたと思っていたことがわかる。

Q11　正解 (B)　◁)) MP3 073

スクリプト・訳

W: I've got to catch a 3 o'clock train. Can we make it?

M: Traffic seems a little heavy, but you can count on me, ma'am.

Q: What does the man imply?

女性：3時の電車に乗らなければならないのですが、間に合いますか。

男性：少し渋滞していますが、大丈夫ですよ、お客さん。

設問：男性は何をいおうとしていますか。

(A) 女性はおそらく電車に乗り遅れるだろう。
(B) 彼は時間どおりに彼女を駅へ送り届けるだろう。
(C) 道路は閉鎖されている。
(D) 彼は女性に今、支払ってほしい。

解説　タクシーの中での会話である。電車に間に合うか心配している女性に、運転手が「大丈夫ですよ(you can count on me)」といっている。彼は時間どおりに駅に着けると思っているのである。

Q12　正解 (C)　◁)) MP3 074

スクリプト・訳

W: Is the film society going to have a movie this week?

M: No, they show one every other week.

Q: What does the man mean?

女性：映画同好会は今週、映画を上映するの？

男性：いや、彼らの上映会は隔週だよ。

設問：男性は何をいいたいのですか。

(A) 上映会は延期された。
(B) 今週だけ上映会がない。
(C) 映画は2週間に1回、上映される。
(D) 別の週に上映会があった。

解説　選択肢から映画の上映会の時期か頻度が話題になっていることがわかる。聞き取りのポイントは、every other week (隔週で) である。(C)の once every two weeks がこの意味を表している。

Q 13　正解 （D）　🔊 MP3 075

スクリプト・訳

M: Hi, Sarah. Is this seat taken?

W: No, I was saving it for you.

Q: What will the man probably do?

男性：やあ、サラ。この席に誰かいるの？

女性：いいえ、あなたのために席を取っておいたのよ。

設問：男性は何をすると考えられますか。

　(A) 他の席を見つける。

　(B) しばらく立っている。

　(C) 自分で席を取る。

　(D) 女性の隣に座る。

　解説　男性の行動に関する設問だが、女性のことばがポイントとなる。彼女は「あなたのために席を取っておいた(was saving)」といっている。このことばから、この後彼は彼女の隣に座ることがわかる。

Q 14　正解 （A）　🔊 MP3 076

スクリプト・訳

M: Do you want ice cream after dinner?

W: You bet!

Q: What does the woman mean?

男性：夕食後にアイスクリームはどうだい？

女性：もちろん！

設問：女性は何をいいたいのですか。

　(A) 彼女はデザートにアイスクリームを食べたい。

　(B) アイスクリームの方が夕食よりいい。

　(C) 彼女はいつもアイスクリームを食べている。

　(D) アイスクリームがもうすぐ運ばれてくる。

　解説　女性とアイスクリームの関連性を聞き取ろう。You bet! は「もちろん！」の意。これがわかれば答えは簡単。彼女は、デザートにアイスクリームが食べたいといっているのだ。

Q 15 正解 (C) 🔊 MP3 077

スクリプト・訳

W: Ralph wants to take organic chemistry, zoology, and calculus III next term.

M: Is he out of his mind? That would be an enormous load.

Q: What does the man mean?

女性：ラルフったら、来学期に有機化学と動物学と微積分Ⅲを取るつもりなんだって。

男性：どうしちゃったのかな。大変なことになるぞ。

設問：男性は何をいいたいのですか。

(A) ラルフは危篤かもしれない。
(B) ラルフは精神的に不安定である。
(C) ラルフは猛勉強しなければならないだろう。
(D) ラルフはそんなにたくさん運べるほど強くない。

解説　ラルフのことが話題になっている。女性の発言に対して、男性は「大変なこと(an enormous load)になるぞ」と答えている。つまり、猛勉強をしなければ授業についていけないと彼は思っているのだ。

Q 16 正解 (D) 🔊 MP3 078

スクリプト・訳

M: Could you please tell me where the envelopes are?

W: They're in the last aisle next to the appointment books.

Q: What is the man doing?

男性：封筒がどこにあるか教えてください。

女性：スケジュール帳が置いてある隣の、一番奥の列にあります。

設問：男性は何をしていますか。

(A) 切手を買おうとしている。
(B) スケジュールを決めようとしている。
(C) 図書館の本を借りようとしている。
(D) 文房具を買おうとしている。

解説　「行動を問う」問題だ。the envelopes(封筒)、the appointment books(スケジュール帳)から、「stationery(文房具)を買おうとしている」ことがわかる。aisleは「通路」の意味。

Q 17 正解 (A) 🔊 MP3 079

スクリプト・訳

M: Is the drama performance being held this week?
W: No, I think it's scheduled for the week after next.
Q: What does the woman say about the drama performance?

男性：その演劇は今週、上演されるの？
女性：いいえ、予定では再来週だと思うわ。
設問：女性は演劇について何といっていますか。

(A) およそ2週間後に行われる。
(B) 今週だったが、スケジュールが変更される予定である。
(C) 今週行われる。
(D) 現時点では、翌週に予定されている。

解説 演劇の上演について女性はどういっているか。the week after next（再来週）が聞き取りのポイントとなる。(A) のin approximately two weeks（およそ2週間後に）がこの意味を表す。

Q 18 正解 (C) 🔊 MP3 080

スクリプト・訳

W: Could I speak with Virginia?
M: She's out right now, but I can take a message and have her call you.
Q: What will Virginia probably do?

女性：バージニアはいますか。
男性：彼女は今、外出しています。でも、伝言をいただいて、電話させるようにしますが。
設問：バージニアは何をすると考えられますか。

(A) 女性を再び訪ねる。
(B) 今、女性と話す。
(C) 女性に折り返し電話をかける。
(D) 男性にまた電話をかけさせる。

解説 再び「行動を問う」問題である。男性は「電話させる（have her call you）」といっていることから、後でバージニアが女性に折り返し電話をすることがわかる。

Q 19　正解 (C)　🔊 MP3 081

スクリプト・訳

W: How's that new mystery you've been reading?

M: I can't put it down.

Q: What does the man mean?

女性：その新しいミステリー小説、どう？　ずっと読んでるけど。

男性：本を置けないよ。

設問：男性は何をいいたいのですか。

(A) 彼は探している本を見つけられない。
(B) その本は本棚の一番下にある。
(C) 彼はその本がとても面白いと思っている。
(D) その本は批評に値する。

解説　本と男性の関連性を聞き取る。女性の問いかけに、男性はI can't put it down. と答えている。面白くて本を置くことができないのである。

Q 20　正解 (D)　🔊 MP3 082

スクリプト・訳

M: You haven't phoned Mark yet, have you?

W: Only three times!

Q: What does the woman mean?

男性：まだマークに電話をかけていないんだろ？

女性：3回だけかけてみたわ！

設問：女性は何をいいたいのですか。

(A) 彼女はマークに電話をかけようとしていない。
(B) マークは彼女に3回電話をかけた。
(C) マークは電話が好きではない。
(D) 彼女はマークに数回電話をかけてみた。

解説　女性とマークと電話の関連性を整理しながら聞く。「まだマークに電話をかけてないんだろ」と男性。「3回だけかけてみたわ」と女性。彼女はマークに何回か電話をかけてみたのである。

Q21　正解 (C)　🔊 MP3 083

スクリプト・訳

W: Did you miss many labs this term?

M: Maybe two times at the most.

Q: What does the man imply?

女性：今学期、実験の授業を何度も休んだの？

男性：たぶん、多くて2回かな。

設問：男性のことばから何がわかりますか。

　(A) 彼は頻繁に欠席した。

　(B) 教師が実験の授業を休講にした。

　(C) 彼は1、2度授業を欠席した。

　(D) 実験の授業は、大半が面白くなかった。

解説　男性と授業の関連性。男性は実験の授業を何度休んだといっているか。two times at the most（多くて2回）と答えている。この意味になるのは、選択肢(C) の「彼は1、2度授業を欠席した」である。

Q22　正解 (D)　🔊 MP3 084

スクリプト・訳

W: I was planning to visit my parents this weekend but my car's got a flat.

M: Why don't you call Jack's Auto Garage — they'll fix it.

Q: What does the man suggest the woman do?

女性：今週末、両親のところへ行こうと思っていたんだけど、車がパンクしちゃって。

男性：ジャックス・オート・ガレージに電話して、直してもらったら？

設問：男性は女性に何を提案していますか。

　(A) 彼女の車を運転させてもらう。

　(B) 友だちの車を借りる。

　(C) 彼女の旅行の日程を変更する。

　(D) タイヤを修理してもらう。

解説　選択肢をチェック。動詞が並んでいるので、「行動を問う」問題であるとわかる。男性は女性に何をするように提案しているのか。パンクしているタイヤ（a flat）を直して（fix）もらうようにアドバイスしているのだ。get a flat、fix を知っていれば簡単な問題だ。

Q23　正解 (B)　🔊 MP3 085

W: I'm going to the store to pick up a few things so I can bake a cake tonight.

M: While you're at it, would you get me some shaving cream, too?

Q: What does the man ask the woman to do?

女性：買い物に出かけるから、今夜ケーキを焼けるわよ。

男性：店へ行くなら、シェービングクリームも買ってきてくれる？

設問：男性は女性に何をするように頼んでいますか。

  (A) 彼女が出かける前に少し待つ。

  (B) 彼のために買い物をする。

  (C) ケーキにホイップクリームを載せる。

  (D) 保管庫にいくつか物を入れる。

解説　頼みごとなので、依頼表現に注意。ここでは would you。女性が買い物に出かけると聞いて、男性は女性に「シェービングクリームも買ってきて(get me some shaving cream)くれる？」と頼んでいる。正解は (B)。

Q24　正解 (D)　🔊 MP3 086

W: Tom is really a serious student.

M: So is his roommate.

Q: What can be inferred from this conversation?

女性：トムは本当に真面目な学生ね。

男性：彼のルームメイトもね。

設問：この会話から何が推測できますか。

  (A) トムとルームメイトは、めったに笑わない。

  (B) トムはルームメイトを代えるつもりだ。

  (C) トムとルームメイトは縫い物の仕方を知っている。

  (D) トムもルームメイトも一生懸命に勉強する。

解説　トムとルームメイトの関係は？　女性と男性が、「トムも彼のルームメイトも真面目な学生(serious student)だ」といっている。ふたりとも一生懸命に勉強する学生なのである。

Q 25 正解 (A) ◁)) MP3 087

スクリプト・訳

M: You probably don't want to go to the library tonight, do you?

W: You know, actually, I do.

Q: What does the woman mean?

男性：きっと今夜は図書館に行きたくないよね？

女性：ええと、実は行きたいのよ。

設問：女性は何をいいたいのですか。

(A) 彼女は図書館へ行きたい。

(B) 彼女は実は家にいる方がいい。

(C) 彼女は自分が何をしたいのかわからない。

(D) 彼女はもう、したいことを決めている。

解説 設問と選択肢から女性のことばがポイントになっていることがわかる。彼女は「実は (今夜図書館に) 行きたいのよ」といっている。正解は (A) である。

Q 26 正解 (D) ◁)) MP3 088

スクリプト・訳

W: It's really hard to see, driving through this snow.

M: It's the ice that worries me.

Q: What can be inferred from the man's comment?

女性：かなり視界が悪いわね、この雪の中を運転するとなると。

男性：僕が心配なのは氷だよ。

設問：男性の発言から何が推測できますか。

(A) 彼は雪より氷の方が好きだ。

(B) 彼は雪を見られない。

(C) 天候は回復してきている。

(D) 道路はおそらく滑りやすいだろう。

解説 おそらく男性の天候に対する見解がポイントだと、設問と選択肢から推測される。男性は「心配なのは氷だよ」といっている。降っている雪よりも、道路が凍結して滑りやすくなっている (slippery) ことを心配しているのである。

Q27　正解（B）　🔊 MP3 089

スクリプト・訳

M: The bank is open on Saturday mornings, right?

W: Not anymore, it isn't.

Q: What does the woman mean?

男性：銀行は土曜日の午前中、開いてるんでしょ？

女性：もう開いてないわよ。

設問：女性は何をいいたいのですか。

　(A) 銀行は、この先右手にある。
　(B) 銀行の営業時間が変わった。
　(C) 銀行の所在地が変わった。
　(D) 銀行は土曜日の朝、開いている。

　解説　銀行の位置か営業時間がトピックだ。「銀行は土曜日の午前中、開いてるんでしょ？」と男性。「もう開いてないわよ」と女性。銀行は営業時間を変えたのである。

Q28　正解（B）　🔊 MP3 090

スクリプト・訳

W: Were you able to park on the street?

M: The meters take only exact change.

Q: What does the man imply?

女性：通りに車を止められた？

男性：ピッタリの小銭がないとパーキングメーターを使えないんだ。

設問：男性は何をいおうとしていますか。

　(A) 路上駐車は許可されていない。
　(B) 彼は通りに駐車できなかった。
　(C) 彼は公園を散歩したい。
　(D) メーターが故障していた。

　解説　「駐車」に関するトピックと思われる。「通りに車を止められた？」という女性の発言に対して、男性は「ピッタリの小銭がないとパーキングメーターを使えないんだ」と答えている。彼は駐車することができなかったのである。

Q 29　正解　(A)　🔊 MP3 091

スクリプト・訳

M: It was really depressing to find out I got a D in chemistry.

W: You mean grades are already posted?

Q: What had the woman assumed?

男性：本当にがっかりしたよ、化学でDを取っちゃったんだ。

女性：成績がもう発表されてるっていうこと？

設問：彼女はどう考えていましたか。

　(A) 授業の成績は、まだわからなかった。

　(B) 彼女も成績が悪かった。

　(C) 男性は授業で頑張った。

　(D) 化学の授業は、それほど難しくなかった。

解説　化学でDを取ったことがわかり、男性ががっかり (depressing) している。女性は彼のことばを聞いて、「成績がもう発表されてるっていうこと？」といっている。彼女は、成績はまだわからないと思っていたのである。

Q 30　正解　(C)　🔊 MP3 092

スクリプト・訳

M: How's that look? Is it straight?

W: Move the left side down a touch.

Q: What are the man and woman probably doing?

男性：どう見える？　まっすぐかな？

女性：左側をちょっと下げて。

設問：男性と女性は何をしていると考えられますか。

　(A) 家具を動かしている。

　(B) テニスをしている。

　(C) 絵を掛けている。

　(D) 写真を撮っている。

解説　2人の行動を問う問題。選択肢に統一感はないので聞き取るしかない。「まっすぐかな？」と男性。「左側をちょっと下げて」と女性。この会話から、ふたりは、壁に絵を掛けているとわかる。

テーマ 2：第 2 話者に注目する

　第 1 話者のことばが聞き取れなくてもあわててはいけない。第 2 話者のことばが残っている。聞き取れた情報からいかに答えを推測するか練習してみよう。

　問題は 30 問。途中で音声を止めてはいけない。問題解説（Directions）は省略してある。音声をスタートする前に 10 秒ほど設問と選択肢を見てもかまわない。テストは "Practice Test 2. Number 1." ではじまる。

Q1　◁)) MP3 093
What does the woman mean?
(A) She didn't mail the letter.
(B) The post office was closed.
(C) She didn't receive any mail.
(D) The letter did not arrive.

Q2　◁)) MP3 094
What will the woman do tonight?
(A) Watch a movie on TV.
(B) Go to the movies.
(C) Go to bed early.
(D) Go to work.

Q3　◁)) MP3 095
What do we learn from this conversation?
(A) The woman doesn't know who he means.
(B) She read about Don in the newspaper.
(C) The man is a famous author.
(D) Don is a reporter.

Q4　◁)) MP3 096
What does the man mean?
(A) He feels responsible for the damage.
(B) He will choose his next car more carefully.
(C) He is unconcerned about the car.
(D) He thinks the woman should drive the car.

Q5 🔊 MP3 097

What does the woman ask the man to do?

(A) Give the woman his coat.

(B) Take the woman's coat from her.

(C) Take the woman's umbrella from her.

(D) Go and get the woman's umbrella.

Q6 🔊 MP3 098

What can be inferred from the conversation?

(A) The man was late for work, too.

(B) The woman drives to work.

(C) The woman took the train today.

(D) There wasn't much traffic this morning.

Q7 🔊 MP3 099

What does the woman mean?

(A) They need to make a phone call.

(B) She would like to finish what they are doing.

(C) She wants to quit her job.

(D) They should stop working now.

Q8 🔊 MP3 100

What does the woman suggest the man do?

(A) Have dinner at the student union.

(B) Go to the student cafeteria early.

(C) Try not to eat on campus.

(D) Eat supper outside the university.

Q9 🔊 MP3 101

What does the man mean?

(A) The exit is not far away.

(B) He has come a long way.

(C) He was not very impressed.

(D) He agrees with her opinion.

Q10 🔊 MP3 **102**

What does the man imply?

(A) He didn't catch any fish this week.

(B) He caught more fish than he had expected.

(C) He will catch even more fish next week.

(D) He caught more fish last week than this week.

Q11 🔊 MP3 **103**

What does the woman mean?

(A) She needs to exercise.

(B) She must work late.

(C) She has some extra studying to do.

(D) She will be supervising her workers.

Q12 🔊 MP3 **104**

What does the man mean?

(A) He doesn't like Shakespeare.

(B) He is tired of studying English.

(C) He plans to avoid the English requirements.

(D) He hasn't had time to check the offerings.

Q13 🔊 MP3 **105**

What does the woman mean?

(A) Ellen should drive herself.

(B) Ellen should take the bus.

(C) Ellen can ride with her.

(D) Ellen usually goes on foot.

Q14 🔊 MP3 **106**

What does the woman say about the bike?

(A) It matches the man perfectly.

(B) It looks as if it were new.

(C) It was rather expensive.

(D) It seems to be a good brand.

Q15 🔊)) MP3 107

What can be inferred about Mr. White?

(A) He works in a bank.

(B) He works for the phone company.

(C) He is a butcher.

(D) He works in a restaurant.

Q16 🔊)) MP3 108

What does the woman say about Mr. Smith?

(A) He'll stay in Chicago.

(B) He'll vacation in New York.

(C) He'll move to New York.

(D) He'll take a new job.

Q17 🔊)) MP3 109

What does the woman mean?

(A) Dr. Jones is reading a novel.

(B) Dr. Jones is unavailable today.

(C) Dr. Jones needs to make a reservation.

(D) Dr. Jones is taking a rest this afternoon.

Q18 🔊)) MP3 110

What does the woman suggest the man do?

(A) Repeat what he just said.

(B) Take a trip to Hawaii and Alaska.

(C) Look for a travel agent who can help him.

(D) Consult a reference book for the information he wants.

Q19 🔊)) MP3 111

What does the man mean?

(A) He doesn't want to eat at the restaurant.

(B) He wants to go out to eat.

(C) He didn't mean to place an order.

(D) He forgot to pay for the meal.

Q20 🔊 MP3 112

What can be inferred from the man's response?

(A) It was a big job for him to fix up the apartment.

(B) He and Linda worked on the apartment together.

(C) He is now looking for another place to live.

(D) The apartment rent will increase soon.

Q21 🔊 MP3 113

What does the man mean?

(A) He supports the new proposal.

(B) The faculty will soon make a decision.

(C) He is uncertain about what will happen.

(D) The change will turn out fine.

Q22 🔊 MP3 114

What does the man suggest the woman do?

(A) Continue searching for her bag.

(B) Check the lost-and-found office.

(C) Stop losing things so frequently.

(D) Get better information at the student center.

Q23 🔊 MP3 115

What does the man mean?

(A) He is not surprised that the woman failed the exam.

(B) The woman needs to take different courses.

(C) He avoided studying for the test, too.

(D) The woman should expect to do better.

Q24 🔊 MP3 116

What does the man say about the professor?

(A) He is a high achiever.

(B) He is unusually wealthy.

(C) He is extremely demanding.

(D) He is actually quite kind.

Q25 🔊 MP3 117
What does the man want to do?
(A) Avoid going to a film.
(B) Attend a play.
(C) See a humorous movie.
(D) Change their moods.

Q26 🔊 MP3 118
What does the woman mean?
(A) She plans to drop her course.
(B) She agrees with the man's plans.
(C) She doesn't want to talk about this matter.
(D) She didn't hear what the man said.

Q27 🔊 MP3 119
What does the woman mean?
(A) She's too busy.
(B) She can play right now.
(C) She doesn't like tennis.
(D) She has a headache.

Q28 🔊 MP3 120
What does the man imply?
(A) He appreciates the woman's sense of humor.
(B) He thinks the woman's request is unreasonable.
(C) He is quite willing to help the woman do some extra work.
(D) He would like the woman to be more specific.

Q29 🔊 MP3 121
What had the man assumed about the woman?
(A) She was a mathematics major.
(B) She didn't finish some of her courses.
(C) She was not going to register this term.
(D) She had not studied very much math.

Q30 🔊 MP3 122

What does the man say about Theresa?

(A) She is usually considerate.
(B) She is not very bright.
(C) She is extremely busy.
(D) She is seldom on time.

This is the end of Practice Test 2.

Practice Test 2　正答一覧

1	A	11	B	21	C
2	C	12	B	22	B
3	D	13	C	23	A
4	A	14	B	24	D
5	D	15	C	25	C
6	B	16	A	26	C
7	D	17	B	27	A
8	A	18	D	28	B
9	C	19	A	29	D
10	D	20	B	30	A

Practice Test 2

Q 1 　正解 (**A**) 🔊 MP3 093

スクリプト・訳

M: Did you mail the letter today?
W: I don't know where the post office is.
Q: What does the woman mean?

男性：今日、手紙を出したの？
女性：郵便局がどこにあるのかわからなくて。
設問：女性は何をいいたいのですか。

(A) 彼女は手紙を出さなかった。
(B) 郵便局が閉まっていた。
(C) 彼女は郵便物を何も受け取らなかった。
(D) 手紙が届かなかった。

解説 「手紙を出したの？」と男性。「郵便局がどこにあるのかわからなくて」と女性。女性はまだ手紙を出していないのである。

Q 2 　正解 (**C**) 🔊 MP3 094

スクリプト・訳

M: Look, there's a great movie on TV tonight!
W: Not for me. I have to get some sleep so I can wake up early for work tomorrow.
Q: What will the woman do tonight?

男性：ねえ、今夜、テレビで面白い映画をやるよ！
女性：私は見られないわ。しっかり寝ないと、明日、早起きして仕事に行けないから。
設問：女性は今夜、何をしますか。

(A) テレビで映画を見る。
(B) 映画を見に行く。
(C) 早く寝る。
(D) 仕事に行く。

解説 設問と選択肢から「行動を問う」問題とわかる。女性のことばから、答え

は当然(C) Go to bed early. である。

Q3 正解 （D） 🔊 MP3 095

スクリプト・訳

M: I wonder what my old friend is doing now?

W: Do you mean Don? He's working in Arizona writing for a newspaper.

Q: What do we learn from this conversation?

男性：昔の友だち、今は何やってるのかな。

女性：ドンのこと？　彼はアリゾナで新聞の記事を書いているわよ。

設問：この会話から何がわかりますか。

(A) 女性は彼のいっていることがわからない。

(B) 彼女はドンについての新聞記事を読んだ。

(C) 男性は有名な著者だ。

(D) ドンは記者だ。

解説　問題を解くカギは第2話者の女性のことばの中にある。「彼は新聞の記事を書いている (writing for a newspaper)」ということは、ドンは今、新聞記者 (reporter) をしているのだ。

Q4 正解 （A） 🔊 MP3 096

スクリプト・訳

W: What happened to your car? It looks terrible.

M: I should've been more careful.

Q: What does the man mean?

女性：あなたの車どうしたの？　ひどい状態じゃない。

男性：もっと注意すべきだったよ。

設問：男性は何をいいたいのですか。

(A) 彼は損傷に責任を感じている。

(B) 彼は次回、もっと注意して車を選ぶだろう。

(C) 彼は車に関心がない。

(D) 彼は女性が車を運転するべきだと思っている。

解説　男性は車をひどい状態にした事故についてどう思っているのか。「もっと注意すべきだったよ」と後悔している。彼は責任を感じている (feels responsible) のである。

Q5　正解 (D)　◁)) MP3 097

スクリプト・訳

M: This is your coat, right?
W: No. But that over there is my umbrella. Could you go get it for me?
Q: What does the woman ask the man to do?
男性：これ、君のコートだよね？
女性：いいえ。でも、あそこにあるのは私の傘なの。取ってきてもらえますか。
設問：女性は男性に何をするよう頼んでいますか。

(A) 彼のコートを女性にあげる。
(B) 女性から彼女のコートを受け取る。
(C) 女性から彼女の傘を受け取る。
(D) 女性の傘を取りに行く。

解説　この問題は簡単なようでややこしい。女性のことばから、コートは彼女のものではなく、傘が彼女のものだとわかる。女性は男性に「傘を取ってきてもらえますか」と頼んでいる。男性はどうするだろうか。傘を取ってくることになることがわかるだろう。

Q6　正解 (B)　◁)) MP3 098

スクリプト・訳

M: Late for work again?
W: Sorry. I got tied up in traffic.
Q: What can be inferred from the conversation?
男性：また遅刻？
女性：ごめんなさい。渋滞に巻き込まれてしまって。
設問：この会話から何が推測できますか。

(A) 男性も仕事に遅れた。
(B) 女性は車で通勤している。
(C) 女性は今日、電車を使った。
(D) 今朝は交通量があまり多くなかった。

解説　女性がいったI got tied up in traffic.の意味がわかれば問題は解ける。「渋滞に巻き込まれてしまって」。このことから推測できることは何かというと、(B)の「彼女は車で通勤している」ことである。

Q 7   正解 (D)   🔊 MP3 099

スクリプト・訳

M: It's getting really late.

W: Yeah, let's call it quits for today.

Q: What does the woman mean?

男性：本当に遅くなってきたよ。

女性：そうね、今日はこれで終わりにしましょう。

設問：女性は何をいいたいのですか。

  (A) 彼らは電話をかける必要がある。

  (B) 彼女は今やっていることを終わらせたい。

  (C) 彼女は仕事を辞めたい。

  (D) 彼らはここで仕事を切り上げた方がいい。

解説 女性のいった let's call it quits for today がポイント。意味は「今日はこれで終わりにしましょう」である。正解は (D)。

Q 8   正解 (A)   🔊 MP3 100

スクリプト・訳

M: Oh, no. I forgot that the cafeteria closes early tonight.

W: Why not just eat at the student union?

Q: What does the woman suggest the man do?

男性：ああ、忘れてた。今晩はカフェテリアが早く閉まるんだった。

女性：学生会館で食べれば？

設問：女性は男性に何をするよう提案していますか。

  (A) 学生会館で夕食をとる。

  (B) 早くカフェテリアへ行く。

  (C) キャンパス内で食べないようにする。

  (D) 大学の外で夕食をとる。

解説 「今晩はカフェテリアが早く閉まるんだった」と男性。「学生会館 (student union) で食べれば？」と女性。女性は (A) の「学生会館で夕食をとる」ことを提案している。

Q 9　正解　(C)　🔊 MP3 101

スクリプト・訳

W: The art exhibit was totally inspiring.
M: I wouldn't go that far.
Q: What does the man mean?
女性：美術展覧会にとても感激したわ。
男性：それほどでもなかったけどな。
設問：男性は何をいいたいのですか。

(A) 出口は遠くない。
(B) 彼は遠くからやってきた。
(C) 彼はあまり感激しなかった。
(D) 彼は彼女の意見に賛成している。

解説　女性のことばに対して男性のいったI wouldn't go that far. の意味は、「それほどでもなかったけどな」である。つまり、彼はあまり強い印象を受けなかった（was not very impressed）のだ。

Q 10　正解　(D)　🔊 MP3 102

スクリプト・訳

W: You caught a lot of fish this week.
M: Not as many as last week.
Q: What does the man imply?
女性：今週はたくさん魚が釣れたの？
男性：先週ほどたくさんではないよ。
設問：男性は何をいおうとしていますか。

(A) 彼は今週、全く魚を釣らなかった。
(B) 彼は予想以上にたくさん魚を釣った。
(C) 彼は来週さらに多くの魚を釣るだろう。
(D) 彼は先週の方が今週よりも多くの魚を釣った。

解説　第2話者である男性がいったNot as many as last week. の意味は？「先週ほどたくさんではないよ」である。先週の方がたくさん釣れたのである。

Q11   正解 ▶ (B)   🔊 MP3 103

スクリプト・訳

M: Could I interest you in a movie tomorrow night?

W: Sorry, I'm afraid I have to put in some overtime.

Q: What does the woman mean?

男性：明日の夜、映画に行かない？

女性：ごめんなさい、ちょっと残業しないといけないのよ。

設問：女性は何をいいたいのですか。

   (A) 彼女は運動する必要がある。

   (B) 彼女は遅くまで働かなければならない。

   (C) 彼女には追加で研究することがある。

   (D) 彼女は部下を監督しているだろう。

解説　「明日の夜、映画に行かない？」という男性の誘いを断った理由は？　残業 (overtime) しなくてはならないからである。正解は (B) She must work late. である。

Q12   正解 ▶ (B)   🔊 MP3 104

スクリプト・訳

W: Are you going to take Shakespeare next semester?

M: I've had enough English courses.

Q: What does the man mean?

女性：来学期、シェークスピアの授業を取るつもり？

男性：英語の授業はもう十分だよ。

設問：男性は何をいいたいのですか。

   (A) 彼はシェークスピアが好きではない。

   (B) 彼は英語の勉強にうんざりしている。

   (C) 彼は英語の必須科目を避けようとしている。

   (D) 彼には開講科目を確認する時間がない。

解説　女性の質問に対して男性は「英語の授業はもう十分だよ」と答えている。英語の勉強にうんざりしている (be tired of ～) のである。

Q 13　正解 **(C)**　📢)) MP3 **105**

スクリプト・訳

M: Is Ellen taking the 8 o'clock bus to school tomorrow?

W: I'm driving to work in the morning, so I'll drop her off on the way.

Q: What does the woman mean?

男性：エレンは明日、8時のバスで学校へ行くの？

女性：私が朝、車で仕事に出かけるんだけど、その途中で彼女を（学校へ）送ってあげるつもりなの。

設問：女性は何をいいたいのですか。

　(A) エレンは自分で運転した方がいい。
　(B) エレンはバスを使った方がいい。
　(C) エレンは彼女の車に乗れる。
　(D) エレンはいつも歩いて行く。

解説　第1話者のことばを聞き逃してもあわてることはない。第2話者の女性のことばに集中すればいい。彼女のことばからエレンは車で学校に送ってもらえることがわかる。

Q 14　正解 **(B)**　📢)) MP3 **106**

スクリプト・訳

M: I bought this bike secondhand. What do you think?

W: Why, it looks brand-new!

Q: What does the woman say about the bike?

男性：この自転車、中古で買ったんだ。どう思う？

女性：へえ、新品みたいだわ！

設問：女性は自転車について何といっていますか。

　(A) それは男性にぴったり合っている。
　(B) それはまるで新品のように見える。
　(C) それはかなり高かった。
　(D) それはよいブランドのようだ。

解説　男性は「中古で（secondhand）自転車を買った」といっている。その自転車を見て、女性は「新品（brand-new）みたいだわ！」と答えている。brandがあるからといって、(D)を選んではいけない。

Q 15 　正解 （C） 🔊 MP3 **107**

M: Mr. White is on the phone. He says we didn't pay for the ground beef.

W: Tell him I'll pay him tomorrow when I pick up the chicken.

Q: What can be inferred about Mr. White?

男性：ホワイトさんから電話だよ。牛のひき肉の代金が未払いだっていってるけど。

女性：明日、鶏肉を引き取りに行くときに支払うっていってちょうだい。

設問：ホワイトさんについて何が推測できますか。

    (A) 彼は銀行で働いている。

    (B) 彼は電話会社で働いている。

    (C) 彼は精肉業者だ。

    (D) 彼はレストランで働いている。

解説 the ground beef（牛のひき肉）、the chicken（鶏肉）などから、ホワイトさんが butcher（精肉業者）であることがわかる。

Q 16 　正解 （A） 🔊 MP3 **108**

スクリプト・訳

M: When is Mr. Smith planning to move from Chicago?

W: Didn't you hear? He decided not to take that job in New York after all.

Q: What does the woman say about Mr. Smith?

男性：スミスさんはいつシカゴから引っ越してくる予定なの？

女性：聞いてないの？　彼は結局、ニューヨークでの仕事を受けないことにしたのよ。

設問：女性はスミスさんについて何といっていますか。

    (A) 彼はシカゴに残るだろう。

    (B) 彼はニューヨークで休暇をとるだろう。

    (C) 彼はニューヨークへ引っ越すだろう。

    (D) 彼は新しい仕事を引き受けるだろう。

解説 女性はスミスさんについて何といっているか。「ニューヨークでの仕事を受けないことにしたのよ」。つまり、（引っ越しをせずに）シカゴに残るだろう（He'll stay in Chicago.）といっている。

Q 17　正解 （**B**）　🔊 MP3 **109**

スクリプト・訳

M: I'd like to speak with Dr. Jones, please.

W: Dr. Jones is booked up the rest of the afternoon.

Q: What does the woman mean?

男性：ジョーンズ先生とお話ししたいのですが。

女性：ジョーンズ先生は、午後はずっと手が離せないんです。

設問：女性は何をいいたいのですか。

(A) ジョーンズ先生は小説を読んでいる。

(B) ジョーンズ先生は今日は都合が悪い。

(C) ジョーンズ先生は予約を取る必要がある。

(D) ジョーンズ先生は今日の午後、休憩している。

　　解説　　第2話者のことば (be booked up) から、ジョーンズ先生は今日は都合が悪い (unavailable) ことがわかる。

Q 18　正解 （**D**）　🔊 MP3 **110**

スクリプト・訳

M: Do you know when Alaska and Hawaii became states?

W: Why don't you look it up in an encyclopedia?

Q: What does the woman suggest the man do?

男性：いつアラスカとハワイが州になったか知ってる？

女性：百科事典で調べたら？

設問：女性は男性に何をするように提案していますか。

(A) 彼が今いったことを繰り返す。

(B) ハワイとアラスカに旅行する。

(C) 彼に手を貸す旅行代理店を探す。

(D) 参考図書を調べて、彼が欲しい情報を手に入れる。

　　解説　　男性の質問に対する女性の答えは「百科辞典 (encyclopedia) で調べたら？」である。参考図書を調べる (consult a reference book) ようにいっているのである。

Q 19　正解 **(A)**　◀)) MP3 **111**

スクリプト・訳

W: Excuse me, sir. Is this order to eat here or to go?

M: Oh, didn't I say I wanted it to go?

Q: What does the man mean?

女性：すみません、お客さま。このご注文品は、こちらで召し上がりますか、お持
　　　ち帰りになりますか。

男性：ええと、持ち帰るっていわなかったかな。

設問：男性は何をいいたいのですか。

　(A) 彼は店で食べたくない。
　(B) 彼は外食したい。
　(C) 彼は注文するつもりはなかった。
　(D) 彼は食事の代金を払い忘れた。

解説　「こちらで召し上がり (to eat here) ますか、お持ち帰りになり (to go) ま
すか」と女性。男性の返事は「持ち帰るっていわなかったかな」。彼は家に持って帰る
のだ。

Q 20　正解 **(B)**　◀)) MP3 **112**

スクリプト・訳

W: It must have taken you a long time to fix up this apartment.

M: It wasn't too bad. I got Linda to help me.

Q: What can be inferred from the man's response?

女性：このアパートを修理するのに時間がかかったんでしょうね。

男性：それほどでもなかったよ。リンダに手伝ってもらったんだ。

設問：男性の返事から何が推測されますか。

　(A) アパートを修繕するのは彼にとって大変な仕事だった。
　(B) 彼とリンダが一緒にアパートを修繕した。
　(C) 彼は今、別の住居を探している。
　(D) アパートの家賃はまもなく上がるだろう。

解説　男性の返事からどのようなことが推測できるか。男性は、「アパートを修
繕するのをリンダに手伝ってもらった」といっている。ふたりで一緒に修繕したのだ。

Q21　正解 (C)　🔊 MP3 113

スクリプト・訳

W: Did you hear that the faculty is really divided on the new curriculum proposal?

M: Yeah, I can't even guess how it's going to turn out.

Q: What does the man mean?

女性：聞いた？　新しいカリキュラム案について、先生たちの間ですっかり意見が分かれてるんだって。

男性：ああ、どうなるのか予想すらできないよ。

設問：男性は何をいいたいのですか。

(A) 彼は新しい案を支持している。
(B) 教授陣はまもなく決定を下すだろう。
(C) 彼はどんなことが起こるのかわからずにいる。
(D) 変化によって、よい結果がもたらされるだろう。

解説　女性のことばに対して男性は「どうなるのか（how it's going to turn out）予測すらできないよ」と返事をしている。彼は、何が起こるかわからないのだ。

Q22　正解 (B)　🔊 MP3 114

スクリプト・訳

W: I've looked everywhere for my backpack.

M: Why don't you stop by the lost-and-found at the student information center? Maybe somebody turned it in.

Q: What does the man suggest the woman do?

女性：あらゆるところを探したんだけどリュックサックがないの。

男性：学生情報センターの遺失物係へ行ってみたら？　誰かが届けてくれてるかもしれない。

設問：男性は女性に何をするように提案していますか。

(A) 彼女のかばんを探し続ける。
(B) 遺失物係の窓口で確認する。
(C) 頻繁に物をなくさないようにする。
(D) 学生センターでよりよい情報を得る。

解説　リュックサックを探している女性に、男性が「学生情報センターの遺失物係（the lost-and-found）へ行ってみたら？　誰かが届けてくれてるかもしれない」と

いっている。正解は (B) である。

Q23　正解 **(A)**　🔊 MP3 **115**

スクリプト・訳

W: This is the third biology test I've flunked this term.

M: Well, Elizabeth, what do you expect if you don't study?

Q: What does the man mean?

女性：これで今学期、生物学の試験で落第したのは3度目だわ。

男性：ねえ、エリザベス、勉強しないのに何を期待しているんだい？

設問：男性は何をいいたいのですか。

(A) 彼は女性が試験で落ちたことに驚いていない。

(B) 女性は別の授業を取らなければならない。

(C) 彼も試験勉強を避けた。

(D) 女性はよりよい成績を取ることを期待した方がいい。

解説　flunk（[単位を]落とす）がわからなくても、第2話者の男性のことばから、だいたいの意味はわかるだろう。彼は、勉強をしなければ試験で落ちて当然だと思っているのである。

Q24　正解 **(D)**　🔊 MP3 **116**

スクリプト・訳

W: Professor Ridge seems unbelievably strict.

M: He's tough at first, but when you get to know him you'll find he has a heart of gold.

Q: What does the man say about the professor?

女性：リッジ教授は信じられないくらい厳しいわ。

男性：はじめは厳しいけど、彼のことがわかってくると、優しい人だと気づくよ。

設問：男性は教授について何といっていますか。

(A) 彼はとても優秀な人だ。

(B) 彼は特別に裕福だ。

(C) 彼はとても注文が多い。

(D) 彼は本当はとても優しい。

解説　女性はリッジ教授のことをとても厳しい（strict）と思っている。それに対して男性は、実は優しい人（has a heart of gold）といっている。

Q 25　正解 （**C**）　🔊 MP3 **117**

スクリプト・訳

W: I'm really in the mood for a movie.

M: Let's not go to just any film. I'd like to see a comedy.

Q: What does the man want to do?

女性：すごく映画を見たい気分だわ。

男性：行くなら何の映画でもいいってのはやめよう。コメディーが見たいよ。

設問：男性は何をしたいのですか。

  (A) 映画に行くのは避ける。

  (B) 芝居を見に行く。

  (C) ユーモラスな映画を見る。

  (D) 気分を変える。

解説　「映画が見たい気分(in the mood for a movie)だわ」と女性。男性の返事に注目。a comedy とは a humorous movie のことである。

Q 26　正解 （**C**）　🔊 MP3 **118**

スクリプト・訳

M: Tammy, I already told you I was sorry for missing the meeting, didn't I?

W: Let's just drop the subject, OK?

Q: What does the woman mean?

男性：タミー、会議に出られなくて申し訳なかったって、もういったよね？

女性：その話はやめにしない？

設問：女性は何をいいたいのですか。

  (A) 彼女は途中で受講をやめるつもりでいる。

  (B) 彼女は男性の計画に賛成している。

  (C) 彼女はこの件について話したくない。

  (D) 彼女は男性のいうことを聞いていなかった。

解説　会議に出なかったことを謝っている男性に対し、女性は「その話はやめに (drop the subject) しない？」といっている。その件に関して彼女は話したくないのである。

Q 27 正解 (A) 🔊 MP3 119

スクリプト・訳

M: Can you spare an hour or two for a game of tennis?

W: I'm really over my head in work right now.

Q: What does the woman mean?

男性：1、2時間、テニスの試合ができる？

女性：今、本当に目が回るほど忙しいの。

設問：女性は何をいいたいのですか。

  (A) 彼女は忙しすぎる。

  (B) 彼女は今すぐ試合ができる。

  (C) 彼女はテニスが好きではない。

  (D) 彼女は頭が痛い。

解説 女性のことばに注目。I'm really over my head in work right now. といっている。女性は非常に忙しい（too busy）のである。正解は (A) である。

Q 28 正解 (B) 🔊 MP3 120

スクリプト・訳

W: John, I'm afraid that I'm going to have to ask you to work overtime this week.

M: You've got to be kidding!

Q: What does the man imply?

女性：ジョン、悪いんだけど、今週、残業をお願いしなくちゃならないの。

男性：冗談でしょう！

設問：男性は何をいおうとしていますか。

  (A) 彼は女性のユーモアのセンスを評価している。

  (B) 彼は女性の要求が理不尽だと思っている。

  (C) 彼は女性が残業するのを喜んで手伝おうと思っている。

  (D) 彼は女性に、もっとはっきりいってほしいと思っている。

解説 女性は男性に残業をして（work overtime）ほしいといっている。それに対して男性は「冗談でしょう！（You've got to be kidding!）」と答えている。彼は女性が無理な（unreasonable）要求をしていると思っているのだ。

Q29　正解（D）　🔊 MP3 121

スクリプト・訳

W: Did you know that I signed up for calculus this term?
M: Really? I didn't even know you'd taken geometry and algebra.
Q: What had the man assumed about the woman?
女性：私、今学期、微積分を取ったのよ。知ってた？
男性：本当？　君が幾何学や代数学を取ってたことさえ知らなかったよ。
設問：男性は女性についてどう思っていましたか。

(A) 彼女は数学を専攻していた。
(B) 彼女はいくつかの課程を修了しなかった。
(C) 彼女は今学期、履修しないつもりだった。
(D) 彼女はあまり数学を勉強していなかった。

解説　「微積分を取った（signed up for calculus）のよ」と女性。「君が幾何学（geometry）や代数学（algebra）を取ってたことさえ知らなかったよ」と男性。男性は女性がそんなに数学の勉強をしているとは思っていなかったのである。

Q30　正解（A）　🔊 MP3 122

スクリプト・訳

W: I've left three messages for Theresa but she still hasn't called me back.
M: It's not like her to be so thoughtless.
Q: What does the man say about Theresa?
女性：テリーサに3度も伝言を残したのに、まだ電話をかけてこないの。
男性：彼女らしくないね、そんなふうに配慮に欠けるのは。
設問：男性はテリーサについて何といっていますか。

(A) 彼女はいつも思慮深い。
(B) 彼女はあまり機転が利かない。
(C) 彼女はとても忙しい。
(D) 彼女はめったに時間を守らない。

解説　女性のことばに対して男性は、彼女らしくないといっている。テリーサはいつもは配慮を欠かさない（considerate）人物なのだ。

実力アップ

Part B
完全攻略

頻出問題の出題パターンを知り、長めの会話のリスニング問題を完全攻略するためのノウハウを身につけよう。

🎧 問題はこうして解く

- 内容：長めの会話文を聞き、その内容に関する設問に答える。設問に答える ために与えられている時間は約 12 秒。
- 出題会話文数：2　　問題数：各 4、5 問ずつ、計 8 〜 10 問
- 所要時間：約 7 分（Directions も含む）

問題解説 → **設問・選択肢を見る** → **会話文を聞く** → **設問・選択肢を読む&答えをマーク** → **次の問題へ**

　ではフローチャートの順に従って Part B 問題攻略法を解説しよう。

問題解説

　"This is the end of Part A. Go on to the next page." の後、Part B の問題解説 （Directions）がスタートする。30 問という長丁場であったために、Part A の余韻 がかなり残っているかもしれない。しかし、ここで終わってしまったことをあれこ れと考えても仕方がない。ここは気持ちを新たにして問題に取り組むようにする。

　問題解説がはじまる。ここで注意するのは、問題の指示だけで例題がないことで ある。ひと息入れるつもりで、指示文を聞きながら心の準備をする。Part A の解答 のことを考えてはいけない。Part A 同様、解説中に設問・選択肢は見られない。

設問・選択肢を見る

　問題解説の後、問題となる会話文が流れてくるまでに少しの間がある。この時間 を利用して設問と選択肢に目をとおす。聞き取る会話文はふたつ。それぞれに対し て 4、5 問ずつ設問が用意されている。設問文を見て、どういう設問パターンか、 誰の発言がカギになるかなどを素早く判断する。選択肢をチェックする際には、最 低限、各選択肢に繰り返し使われている語（句）に注目する。Part A に比べると、 かなり長い会話文を聞くことになるので、内容や聞き取りのポイントに関する情報 を少しでも多く得ておく必要がある。

　ここで実際に練習をしておこう。会話文の内容に関する 3 つの設問が用意されて いる。音声を聞く前に、まずは設問と選択肢をチェックする（時間をかけてはいけ ない）。
（p.23 の Directions の前半部分が流れる）

Q 1
What does the man want?
(A) He wants a date with the woman.
(B) He wants to meet the woman after class.
(C) He wants to borrow the woman's notes.
(D) He wants the woman to explain the lecture.

Q 2
Why does the woman hesitate to give him her notes?
(A) Her notes are terrible.
(B) She took notes for only half the lecture.
(C) She has a class now and can't meet him.
(D) She left her notes at home.

Q 3
Where will the man meet the woman?
(A) In chemistry class.
(B) In the lecture.
(C) At the woman's home.
(D) At the woman's locker.

どのような情報をキャッチすることができただろうか。He wants ~、notes、lecture、そして、3問目には場所に関する表現が出ている、など。では、早速音声を聞いて、設問に答えてみよう。音声を再生して……答えの確認をしよう。

▶ 問題文スクリプト・訳

N: Listen to the following conversation between two students taking the same chemistry class.
M: Could I borrow your notes from the chemistry lecture?
W: Well, I'm not sure you want to.
M: Why? What's wrong with them?
W: I was late for the class, so I only heard half of the lecture.
M: But even only half of your notes are better than all of mine!
W: Your notes aren't that bad.
M: Yes, they are. I didn't understand anything at all.

W: Well, if you really want them, they're in my locker.
M: When could I get them?
W: After my last class at my locker.
M: Great! Thanks a lot.

ナレーター：次の、同じ化学の授業を取っているふたりの学生の会話を聞きなさい。
男性：君の化学の講義のノート、貸してもらえないかな？
女性：そうねえ、私のでいいのかしら。
男性：なんで？　何かまずいことでもあるの？
女性：授業に遅刻したから、講義の半分くらいしかノートを取ってないのよ。
男性：それでも、君のノート半分の方が僕のノート全部よりもましだよ！
女性：あなたのノート、そんなにひどくはないでしょう。
男性：いや、ひどいよ。講義の内容がさっぱりわからなかったから。
女性：まあ、どうしても必要なら、ロッカーに入っているけど。
男性：いつ、借りられる？
女性：放課後に、私のロッカーのところへ来てくれれば。
男性：助かるよ！　どうもありがとう。

Q1: What does the man want?
設問 1 ：男性は何を求めていますか。
　　　　　(A) 彼は女性とデートしたい。
　　　　　(B) 彼は授業の後で女性に会いたい。
　　　　　(C) 彼は女性のノートを借りたい。
　　　　　(D) 彼は女性に講義の説明をしてほしい。

● 解答と解説　　正解 ：C
　男性が求めているものは何か。出だしの男性のことばから「ノートを貸してほ
しいと思っている」ことがわかる。

Q2: Why does the woman hesitate to give him her notes?
設問 2 ：なぜ女性は彼にノートを貸すことをためらっているのですか。
　　　　　(A) 彼女のノートはひどいから。
　　　　　(B) 彼女は講義の半分しかノートを取らなかったから。
　　　　　(C) 彼女は今、授業があり、彼に会えないから。
　　　　　(D) 彼女はノートを家に置いてきてしまったから。

◉ 解答と解説　正解：B

　女性が彼にノートを貸すのをためらった理由は？　遅刻して、半分しか講義を聞いていないからである。

Q3：Where will the man meet the woman?
設問3：男性はどこで女性に会いますか。

　　　　(A) 化学の授業で。
　　　　(B) 講義で。
　　　　(C) 女性の家で。
　　　　(D) 女性のロッカーで。

◉ 解答と解説　正解：D

　男性はどこで女性に会うのか。会話の終わりの方で、女性が After my last class at my locker. といっている。

　問題を解いてみた感想はどうか。設問と選択肢にザッと目をとおすことで、どの点に注意して会話文を聞けばいいのか、ある程度絞り込むことができたのではないか。設問と選択肢から得られた情報をもとに、いかに問題となる英文を聞くかが、Part B で高得点をマークするためには必要なのである。

会話文を聞く

　"Now we will begin Part B with the first conversation. Questions 31 through 34. Listen to the following conversation 〜 ." といった前置きがあり、会話文が流れてくる。ここでキーワード5の登場である。「出だしに全神経を集中させろ」。

　これまでの出題パターンを見ると、1問目は、出だしの部分に関する設問が多いことがわかる。また、頻繁に出題される主題を問う設問（p.138 の DATA 5 参照）に答えるための手がかりは、ほとんどの場合、はじめの部分に述べられている。会話文が聞こえてきたら、余分なことを考えずに、全神経を集中し、主題や内容に関する情報をできるだけキャッチするように心がける。もちろん聞き取ったキーワードを余白に書き込んでもかまわないが、メモに気を取られてリスニングがおろそかにならないように十分気をつけよう。

　ここで模擬練習をしておこう。まず、設問と選択肢をチェック！

Q 1
What are these people mainly talking about?

(A) The man's study plans for next year.

(B) How to apply for a scholarship.

(C) Taking a vacation together.

(D) Which foreign language to study.

Q 2
What is probably the man's major?

(A) Political science.

(B) Korean.

(C) English.

(D) International law.

Q 3
What will the couple do later in the week?

(A) Study together.

(B) Go to the airport.

(C) See a film.

(D) Visit their friend's dorm.

設問と選択肢から得た情報を頭に入れ、会話文を聞き取る。出だしに全神経を集中して……。

▶ **問題文スクリプト・訳**

N: Listen to the following conversation between two friends.

M: Did I tell you I was going to study abroad next year?

W: No. This is the first I've heard about it. Where are you going?

M: I won a scholarship to go to Korea. It was sponsored by the Korean American Small Business Administration.

W: That's great. I wish I could go with you. Tell me more.

M: Well, I'll be gone for one year. I leave in August and come back the following July.

W: Can you speak Korean?

M: I just started studying it last semester. But many of the classes at the university I'll attend are conducted in English.

W: Even courses in your major?

M: As it turns out, that university has an outstanding international law department. Many of the professors lecture in English.

W: I hope I have a chance to see you before you go.

M: Me, too. What about next Friday? We could grab a pizza and catch a movie.

W: Sounds good to me. Why don't I pick you up from your dorm about 6:30.

M: Great. See you then.

ナレーター：次の、ふたりの友人間の会話を聞きなさい。
男性：来年、留学するっていう話したっけ？
女性：ううん。初めて聞いたわ。どこへ行くの？
男性：奨学金をもらえることになって、韓国へ行くんだ。韓米中小企業局がスポンサーでね。
女性：すごいわ。一緒に行けたらなあ。それで？
男性：ええと、期間は1年間。8月に出発して、翌年の7月に帰ってくる。
女性：韓国語、話せるの？
男性：先学期に勉強をはじめたばかりだよ。でも、僕が通う大学では、授業の多くが英語で行われているんだ。
女性：あなたの専攻科目でも？
男性：要は、その大学は傑出した国際法学部を擁していて、英語で講義をする教授が多いんだよ。
女性：行く前に、会う機会があるといいわね。
男性：そうだね。今度の金曜日はどう？　ピザでも食べて、映画を見ない？
女性：いいわよ。じゃ、6時半ごろに寮に迎えに行くわ。
男性：わかった。じゃ、そのときにまた。

Q1: What are these people mainly talking about?
設問1：この人たちは主に何について話していますか。
　　　　(A) 男性の来年の勉強に関する計画。
　　　　(B) 奨学金の申請方法。
　　　　(C) 一緒に休暇を取ること。
　　　　(D) どの外国語を学ぶか。

▶ **解答と解説**　正解：A

　ふたりは主に何について話しているのか。出だしで男性が、来年留学するつもりでいることを告げている。この点についてふたりは話すことになる。

Q2: What is probably the man's major?

設問 2：男性の専攻は何だと考えられますか。

      (A) 政治学。

      (B) 韓国語。

      (C) 英語。

      (D) 国際法。

● 解答と解説　正解 : D

　男性の専攻は何であるか。女性が Even courses in your major? と尋ねた後に、男性は that university has an outstanding international law department といっている。このことから彼の専攻は (D)「国際法」であることがわかる。

Q3: What will the couple do later in the week?

設問 3：このふたりは週の後半に何をしますか。

      (A) 一緒に勉強する。

      (B) 空港へ行く。

      (C) 映画を見る。

      (D) 友人の寮を訪ねる。

● 解答と解説　正解 : C

　週末にふたりは何をすることになるか。男性のいったことば What about next Friday? We could grab a pizza and catch a movie. から、彼らが金曜日に映画を見に行くことがわかる。

　要領がつかめただろうか。出だしでつまずいてしまうと、以降の聞き取りに影響を及ぼしかねない。キーワード 5 は「出だしが勝負」といい換えてもいいだろう。

　さらにもうひとつキーワードがある。それは「ポイントは 4WH」（キーワード 6）である。長めの会話文を聞き取る際に、注意しなくてはならないのは、あまりに細かい内容にこだわらないことである。多少わからないことがあっても、4WH（When、Where、Who、What、How［いつ・どこで・誰が・何をしたのか・どのように］）を中心にして聞き取り、大筋を理解するように心がけることが大切である。Part B の設問自体も、あまり細かい内容を問うものではない。

　先に設問等に目を通して、問題用紙に 4 WH のポイントを書き込みながら会話文を聞いてもよいだろう。

■ 設問・選択肢を読む＆答えをマーク

　問題となる会話文が終わると同時に設問と選択肢を素早くチェック。リスニング

や速読力に自信があるならば、どんどん解いていってもかまわない。だが、少なくとも最初のうちは、解答の「リズム」に慣れるために設問文の読み上げに沿って、内容を確認しながら解いていくのがよいだろう。

「"Number 31." と設問」が読み上げられる。さてマークである。わからない問題が出てきても、後で●をつけようなどと思ってはいけない。そんな時間などない。とにかく●をつける。次の問題の "Number 32." という指示が聞こえてくる前に、いや、この間に次の設問と選択肢をチェックするくらいの余裕が欲しい。設問に答える時間は約 12 秒である。設問と選択肢を読み、答えを見つけ、●をつけて 6 秒。残りの 6 秒で次の問題の設問と選択肢を見る。このリズムを保ちたいが、そう思ったようにはいかないのが現実である。本書の Practice Test を使って、自分に合ったリズムを見つけるようにするといいだろう。また、問題がわからなくなったときに、どのように割り切って次へ進むか、これを意識して練習問題に取り組むといいだろう。

次の問題へ

1 番目の会話文を聞き取り、4 つの質問に答える。続けて "Questions 35 through 38. Listen to the following conversation 〜 ." で 2 番目の会話文が流れてくる。ここでアドバイス。"Questions 〜 " と指示が聞こえてきた時点で、頭を切り換えて、聞き取りの心構えをすること。前の問題でどれが正解か悩んでいると、出だしの部分を聞き逃してしまう。要注意である。「出だしが勝負」、このキーワードを忘れないでほしい。

🏃 出題傾向を教えます

Part B に出題される会話文の内容と設問文の出題パターンを見てみよう。

DATA 4 　出題会話文の内容

出題されるふたつの会話文の内容は、大学および日常生活にかかわるものが基本となっている。学生同士の授業に関する会話や、また、電話での会話など、ごく一般的な内容のものばかりである。ただし、Part A に比べるとかなり長いので、それだけ精神的にはプレッシャーがかかる。だからといって、内容が難しいと思ってはいけない。難しい単語や専門的な語彙が使われることはほとんどないといっていいだろう。また、会話文の内容も難しい話題に関するものはまず出題されることはない。

DATA 5 　傾向分析：設問文

ここでは過去に出題された設問文のパターンを紹介しておこう。会話文に見られる質問文のパターンは次のとおりである。

(1) 主題

What are the speakers discussing?

What is this conversation mainly about?

(2) 行動

What does the woman want to do?

What does the man suggest the woman do?

(3) 意見・考え

What does the woman say/think about ～ ?

(4) 問題

What is the man's problem?

What is wrong with ～ ?

（注）What ～ を中心とした質問文だが、Why、When、Where、How なども出題されることがある。

練習問題で実力アップ

Part Bの問題攻略法を身につけ、出題傾向を熟知した後は、問題演習をしながら実践の勘を養おう。要領はPart Aと同じである。それぞれのテストに設定されたテーマを意識しながら問題に取り組んでほしい。

Practice Test 1
テーマ1：設問と選択肢から会話文に関する情報をキャッチ

Practice Test 2
テーマ2：出だしに集中し会話のトピックをつかむ

テーマ１：設問と選択肢から会話文に関する情報をキャッチ

英文が流れてくるまでの短い時間を利用して、最低限の情報（設問内容・数字・人名・地名など）をキャッチする。

問題は８問。途中で音声を止めてはいけない。問題解説（Directions）は省略してある。音声をスタートする前に 10 秒ほど設問と選択肢に目をとおしてもかまわない。テストは "Practice Test 1. Questions 1 through 4. Listen to the following conversation 〜 ." ではじまる。

Q1-4 ◁)) MP3 125

Q1 ◁)) MP3 126

Why did the woman want to speak with the professor?

(A) She was unhappy with her grade.

(B) She had some questions about grammar.

(C) She wanted to thank him for her grade.

(D) She wanted to know the topic of her next essay.

Q2 ◁)) MP3 127

What did the professor think of the woman's paper?

(A) It needed more supporting details.

(B) It was very well-organized.

(C) It had enough supporting details.

(D) It was poorly organized.

Q3 ◁)) MP3 128

What does the professor think of the woman's potential as a writer?

(A) She has poor potential.

(B) She is lazy.

(C) She is careless.

(D) She could improve as a writer.

Q4 🔊 MP3 129

What advice does the professor give to the woman?

(A) To study the form of the essay.

(B) To finish her paper earlier.

(C) To give herself time to study grammar.

(D) To do more research.

Q5-8 🔊 MP3 130

Q5 🔊 MP3 131

When has the flight to Chicago been rescheduled for departure?

(A) 5:30.

(B) 6:00.

(C) 6:30.

(D) The following morning.

Q6 🔊 MP3 132

Why was the flight delayed?

(A) It was overbooked.

(B) There was a mechanical problem.

(C) The weather was bad.

(D) The airport was too crowded.

Q7 🔊 MP3 133

Why is the man flying to San Francisco?

(A) For a vacation.

(B) To attend a business meeting.

(C) To make a connection for another flight.

(D) To give a speech.

Q8 🔊 MP3 134

What benefit does the man receive due to the problems caused by the delayed flight?

(A) He will fly first class to San Francisco.

(B) He will receive a free ticket in the future.

(C) He will not pay for his flight to San Francisco.

(D) He will arrive early the following morning.

This is the end of Practice Test 1.

Practice Test 1 正答一覧

1	A		5	C
2	A		6	B
3	D		7	D
4	B		8	A

解答と解説 Practice Test 1

Q 1-4

スクリプト・訳　MP3 **125**

N: Listen to the following conversation between a student and a professor.

W: Excuse me, Professor Simpson, may I speak with you for a minute?

M: Sure, come on in, Tammy. I've got a few minutes before my next class.

W: Well, the reason I came is that I'm not really satisfied with the grade I received for my essay.

M: Oh, really? Why not?

W: Well, I did my best. I thought I was a better writer.

M: If I recall correctly, you got a B minus. That's not bad!

W: I know, but I was expecting an A.

M: Well, the paper was generally well-organized and I could tell that you had done some thinking. But you didn't use enough supporting details and you made several careless grammar errors.

W: I know, but ...

M: Tammy, you have the ability to write an A paper. When did you write the paper? The night before it was due?

W: Yes.

M: Well, I suggest you give yourself more time. Finish your next essay earlier and work on it over several days. You'll be able to notice your weak points and catch your grammar errors.

W: OK, I'll try it.

M: Good luck, Tammy. I'm sure you'll do better next time.

ナレーター：次の、学生と教授の会話を聞きなさい。

女性：失礼します、シンプソン教授。ちょっとお話ししてもよろしいでしょうか。

男性：もちろんだよ、お入り、タミー。次の授業まで少し時間がある。

女性：あの、こうしてお邪魔した理由は、私の小論文の成績に、どうも納得がいかないからなんです。

男性：あ、そう？　どうしてかな？

女性：だって、私は全力を尽くしました。執筆をもっと評価していただけると思っていました。

男性：僕の記憶違いでなければ、君はBマイナスを取ったね。悪くないよ！

女性：そうですが、Aをいただけると思っていたんです。

男性：まあ、あの小論文はおおむねよくまとまっていたし、それなりに練られたものだったとはいえるだろう。でもね、結論を補強する例証が不十分だったし、不注意な文法の間違いもいくつかあったよ。

女性：わかっていますが、でも……。

男性：タミー、君にはAレベルの論文を書ける力はあるんだよ。いつ、あの論文を書いたのかな。提出期限の前の晩じゃないのかな。

女性：そうです。

男性：それなら、もっと時間をかけることだね。次の小論文は早めに仕上げて、何日かかけて精査するといい。弱点を発見できるし、文法的な間違いも見つけられるだろう。

女性：わかりました、やってみます。

男性：幸運を祈っているよ、タミー。次はきっと、もっといいものを書けるよ。

Q1　正解　(A)　🔊 MP3 126

Q: Why did the woman want to speak with the professor?

設問：なぜ女性は教授と話したかったのですか。

(A) 彼女は成績が不満だった。

(B) 彼女は文法についていくつか質問があった。

(C) 彼女は成績について教授に礼をいいたかった。

(D) 彼女は次の小論文のテーマを知りたかった。

解説 はじめの方で彼女は I'm not really satisfied with the grade〜 といっている。小論文の成績に納得がいかなかったのである。

Q 2　正解（**A**）　🔊 MP3 **127**

Q: What did the professor think of the woman's paper?
設問：教授は女性の論文をどう思いましたか。

(A) もっと結論の例証が必要だった。
(B) とてもよくまとまっていた。
(C) 結論の例証が十分に備わっていた。
(D) まとまりがよくなかった。

解説 シンプソン教授はタミーのリポートをどう思ったのか。大体においては (generally) よく構成されている、といっているが、you didn't use enough supporting details と付け加えている。正解は (A) である。

Q 3　正解（**D**）　🔊 MP3 **128**

Q: What does the professor think of the woman's potential as a writer?
設問：教授は女性の潜在的な文章力をどう考えていますか。

(A) 彼女にはあまり能力がない。
(B) 彼女は怠けている。
(C) 彼女は不注意である。
(D) 彼女には文章が上達する可能性がある。

解説 シンプソン教授は you have the ability to write an A paper といっている。素質があると評価しているのだ。

Q 4　正解（**B**）　🔊 MP3 **129**

Q: What advice does the professor give to the woman?
設問：教授は女性にどんなアドバイスをしていますか。

(A) 論文の形式を勉強すること。
(B) 早めに論文を書き終えること。
(C) 文法を勉強する時間をとること。
(D) もっと調査すること。

解説 シンプソン教授はタミーに、「早めに仕上げて、何日かかけて見直しなさい」とアドバイスしている。

Q 5-8

スクリプト・訳　　🔊 MP3 130

N: Listen to the following conversation at an airport.

M: Excuse me. Could you tell me why Flight 94 isn't boarding yet? It was scheduled to leave at 5:30.

W: I'm sorry sir, but that flight has been delayed for one hour. We expect to begin boarding the flight in 30 minutes.

M: Why was it delayed?

W: The flight was late in arriving from New York. There was a minor problem with one of the engines, but our mechanics have solved the problem.

M: I see. I have to catch a connecting flight in Chicago. I'm worried that I won't arrive in time, and I have to speak at a conference tomorrow.

W: What flight are you taking from Chicago, sir?

M: Flight 36 to San Francisco.

W: Let me get the information here on the computer. I'm afraid that you will miss that flight, and it's also the last flight of the day to San Francisco. When do you have to be at the conference?

M: Late in the afternoon.

W: We will put you in a hotel overnight in Chicago. I can get you on a flight tomorrow morning at 7 o'clock.

M: When does that arrive in San Francisco?

W: At 9:15.

M: I guess that's my only alternative.

W: I'm very sorry, sir. Because of the inconvenience, I will upgrade your ticket to first class for your flight tomorrow.

M: Thank you.

ナレーター：次の、空港での会話を聞きなさい。

男性：すみません。どうして94便の搭乗は、まだはじまらないのでしょうか。5時30分に出発する予定でしたが。

女性：申し訳ございません、お客さま。その便は1時間遅れておりまして。30分後に搭乗を開始する見込みです。

男性：どうして遅れたんですか。

女性：ニューヨークからの到着が遅れたんです。エンジンのひとつにちょっとした問題が見つかったのですが、それはもう私どもの整備員が解決いたしました。

男性：そうですか。私はシカゴで接続便に乗り継がなければならないんです。間に

合わないんじゃないかと心配で。明日は会議でスピーチをしなければなりま
せんし。

女性：シカゴからは何便をご利用になりますか、お客さま？

男性：サンフランシスコ行きの36便です。

女性：コンピューターですぐにお調べします。残念ながら、その便には間に合いま
せんね。それが本日のサンフランシスコ行きの最終便ですし。いつまでに会
議場に到着なさらなければならないのですか。

男性：午後遅くですが。

女性：シカゴに1泊していただけるように、ホテルをお取りします。明朝7時の便が
手配できますので。

男性：その便はいつサンフランシスコに着くのですか。

女性：9時15分です。

男性：他に手はなさそうですね。

女性：誠に申し訳ございません。ご迷惑をおかけしますので、明日の便のチケット
はファーストクラスにアップグレードさせていただきます。

男性：ありがとう。

Q5 正解 （**C**） 🔊 MP3 **131**

Q: When has the flight to Chicago been rescheduled for departure?
設問：シカゴ行きの便の出発時刻はいつに変更されましたか。

(A) 5時30分。
(B) 6時。
(C) 6時30分。
(D) 翌朝。

　解説　設問と出だしのことばから、この会話が空港で行われていることがわか
る。5時30分の出発だったが、1時間遅れたのである。begin boarding the flight in
30 minutes から30分遅れと勘違いしないこと。

Q6 正解 （**B**） 🔊 MP3 **132**

Q: Why was the flight delayed?
設問：なぜその便は遅れたのですか。

(A) 予約超過だった。
(B) 機械的な問題があった。

(C) 天候が悪かった。

(D) 空港が混雑しすぎていた。

解説 なぜその便は出発が遅れたのか。engines、mechanics（整備員）が聞き取れれば正解が(B)であることがわかる。

Q7 正解 （D） ◁)) MP3 **133**

Q: Why is the man flying to San Francisco?

設問：なぜ男性はサンフランシスコへ行くのですか。

(A) 休暇のため。

(B) ビジネスの会議に出席するため。

(C) 他の便に乗り継ぐため。

(D) スピーチをするため。

解説 男性はspeak at a conferenceといっている。会議で give a speech（スピーチをする）ために行くのである。

Q8 正解 （A） ◁)) MP3 **134**

Q: What benefit does the man receive due to the problems caused by the delayed flight?

設問：飛行機の遅れによる不都合で、男性はどのような恩恵を受けますか。

(A) ファーストクラスを利用してサンフランシスコへ行くだろう。

(B) 将来、無料の航空券をもらうだろう。

(C) サンフランシスコへの航空運賃を払わずにすむだろう。

(D) 翌朝、早く到着するだろう。

解説 便が遅れたために生じた不都合により、彼は得をすることになる。それは何か。係員が upgrade your ticket to first class といっている。ファーストクラスを利用することができるのだ。

Practice Test 2

テーマ2：出だしに集中し会話のトピックをつかむ

　会話の出だしに神経を集中する。多くの場合、はじめのことばのやりとりから話のおおよその内容がつかめるからである。

　問題は8問。途中で音声を止めてはいけない。問題解説（Directions）は省略してある。音声をスタートする前に10秒ほど設問と選択肢に目をとおしてもかまわない。テストは "Practice Test 2. Questions 1 through 4. Listen to the following conversation 〜 ." ではじまる。

Q1-4　🔊 MP3 135

Q1　🔊 MP3 136
What is the woman worried about?
(A) Whether she can make the tuition payment.
(B) Whether she can graduate on schedule.
(C) Whether she will pass the class she is taking.
(D) Whether her grades are high enough.

Q2　🔊 MP3 137
What is the woman's field of study?
(A) Biology.
(B) Music.
(C) Social science.
(D) English.

Q3　🔊 MP3 138
Why does the woman have this problem?
(A) She didn't take enough classes last year.
(B) She thought geography was a humanities course.
(C) Her grades are lower than the acceptable level.
(D) Her class assignments are late.

Q4 🔊 MP3 139

What does Dr. Holman suggest?

(A) She should change her major.

(B) She should delay her graduation.

(C) She should study English literature.

(D) She should take music appreciation.

Q5-8 🔊 MP3 140

Q5 🔊 MP3 141

How do the men's teams receive their main financial support?

(A) From donations made by graduates of the school.

(B) From the sales of tickets to athletic events.

(C) From selling used books and clothing.

(D) From the proceeds of the bazaar.

Q6 🔊 MP3 142

According to the conversation, why is the men's alumni group at the university more organized than the women's group?

(A) Not so many women play sports.

(B) The men's teams are stronger.

(C) The women's teams are relatively new.

(D) There is more interest in men's sports.

Q7 🔊 MP3 143

What time will the local bands start to play?

(A) At midnight.

(B) In the afternoon.

(C) At 7 o'clock.

(D) Around 8 o'clock.

Q8 🔊 MP3 144

What will the man and woman do later in the evening?

(A) Have dinner together.

(B) Buy some used furniture.

(C) Study in the library.

(D) Go dancing together.

This is the end of Practice Test 2.

1	B
2	A
3	B
4	D

5	A
6	C
7	C
8	D

解答と解説	**Practice Test 2**

Q 1-4

スクリプト・訳　　🔊 MP3 **135**

N: Listen to the following conversation in a professor's office.

W: Hello, Dr. Holman, may I come in?

M: Sure, Louise. How are you doing today?

W: Not so well. I'm worried that maybe I won't have enough distribution requirements to finish in May. The registrar said I should come and talk to you.

M: Well, let's get out the catalog and take a look. I like my biology majors to graduate on time. What are you short on?

W: I guess I need a course in the humanities. I thought that the geography class I took would count for that requirement.

M: No. Geography is a social science. But don't panic. We'll think of something. Why don't we check the schedule for the coming term? Maybe you could take an extra class. Here are the offerings. How about one of these?

W: I don't really want to take a course in English literature. There's too much writing.

M: Well, how about music appreciation?

W: Would that do it?

M: Sure. And it only meets twice a week.

W: That's the answer. Thanks, Dr. Holman. I'm really glad I came to see you.

ナレーター：次の、教授の研究室での会話を聞きなさい。

女性：こんにちは、ホールマン先生、入ってもよろしいでしょうか。

男性：もちろんだよ、ルイーズ。調子はどうかな？

女性：あまりよくないんです。もしかすると、5月に卒業するには単位が足りないかもしれないので、心配なんです。教務課で、先生のところへ伺うようにいわれました。

男性：どれどれ、便覧を出して見てみようか。自分が指導する生物学専攻の学生には、予定どおり卒業してほしいんだがね。どの科目が足りないのかな？

女性：人文科学の単位が必要なんだと思います。私の取った地理学が、履修条件を満たすだろうと思っていたんです。

男性：いや。地理学は社会科学の科目だね。でも、あわてることはないよ。何か手だてを考えよう。次の学期のスケジュールを調べてみようか。たぶん、ひとつ余分に授業を取れるんじゃないかな。ここに開講科目が出ている。この中のひとつはどうかな？

女性：英文学の授業はあまり取りたくないんです。作文が多すぎて。

男性：じゃ、音楽鑑賞はどうかな。

女性：それで大丈夫でしょうか。

男性：大丈夫。それに授業は週に2度だけだよ。

女性：それですね。ありがとうございました、ホールマン先生。ご相談しに来て、本当によかったです。

Q1　正解　(B)　◁)) MP3 136

Q: What is the woman worried about?

設問：女性は何を心配していますか。

(A) 学費を払えるかどうか。

(B) 予定どおりに卒業できるかどうか。

(C) 履修している授業の単位を取れるかどうか。

(D) 自分の成績が十分な水準かどうか。

解説　ルイーズは何を心配しているのか。はじめの方で I'm worried that〜といっている。5月に卒業するのに単位が足りているかどうか心配しているのだ。distribution requirements（各分野から履修しなくてはならない単位）がわからなくても、文脈から卒業単位のことで相談しに来ていると推測できるはずである。

Q2　正解 (A)　🔊 MP3 137

Q: What is the woman's field of study?
設問：女性の専攻は何ですか。

(A) 生物学。
(B) 音楽。
(C) 社会科学。
(D) 英語。

解説 I like my biology majors to graduate on time. と教授がいっている。ルイーズも my biology majors（私が指導している生物学専攻の学生）のひとりである。

Q3　正解 (B)　🔊 MP3 138

Q: Why does the woman have this problem?
設問：なぜ女性はこの問題を抱えているのですか。

(A) 彼女は昨年、十分に授業を履修しなかった。
(B) 彼女は地理学が人文科学の授業だと思っていた。
(C) 彼女の成績は許容水準よりも低い。
(D) 彼女の授業の宿題提出が遅れている。

解説 なぜルイーズはこの問題（単位不足）を抱えてしまったのか。地理学が人文科学（humanities）の分野だと思っていたが、実は社会科学（social science）の分野だったのである。

Q4　正解 (D)　🔊 MP3 139

Q: What does Dr. Holman suggest?
設問：ホールマン博士は何をアドバイスしていますか。

(A) 彼女は専攻を変えた方がいい。
(B) 彼女は卒業を遅らせた方がいい。
(C) 彼女は英文学を勉強した方がいい。
(D) 彼女は音楽鑑賞を履修した方がいい。

解説 教授は、「英文学の授業は取りたくないんです」という彼女に対して、音楽鑑賞（music appreciation）を取ることを勧めている。

Q *5-8*

スクリプト・訳   🔊)) MP3 **140**

N: Listen to the following conversation about a school bazaar.

M: Are you going to the bazaar tonight?

W: What bazaar?

M: Didn't you know? Our athletic department holds a bazaar every year to raise funds for our school's women's sports teams.

W: What about the men's teams?

M: The men's teams are mostly supported by donations from the alumni, especially those former students who played on one of the teams. Women's teams have only been competing for about 10 years.

W: So the women's alumni network isn't as highly organized yet.

M: Right. And those women graduates are still quite young and at an early stage in their working careers, so they can't contribute as much money yet as the men can.

W: So that's the main reason for the bazaar? Tell me more.

M: Well, for one thing you can find lots of bargains on books, used furniture, and clothing. People from the local community donate all kinds of things to be sold. Also, there's great food. Some of the best restaurants in town will be serving their specialties.

W: What else?

M: Do you hear that music coming from over there? That's the main stage. Starting at 7 o'clock and going on until midnight there will be performances by six local bands. There's even a dance floor, if you like dancing.

W: Are you asking me for a dance?

M: Well, I wasn't, but now that you mention it, would you care to dance with me later?

W: I'd love to. I've got to do some studying in the library before I can come to the bazaar, though. I'll meet you in front of the stage at 8:00.

M: Sounds good. See you there.

ナレーター：次の、学校のバザーに関する会話を聞きなさい。
男性：今晩、バザーに行く？
女性：何のバザー？
男性：知らないの？　うちの体育学部は毎年バザーを開いて、わが校の女子スポー

ツチームのために資金集めをしてるんだ。

女性：男子チームはどうなの？

男性：男子チームは大体、卒業生の寄付金で賄われてるのさ。特に、学生時代にチームのどれかに入ってた卒業生ね。女子チームは、競技をはじめて10年ぐらいしかたっていないから。

女性：それで、女子の卒業生のネットワークは、まだ確立されていないのね。

男性：そのとおり。それに、女子の卒業生はまだかなり若くて、社会人としてのキャリアが浅いから、男子の卒業生ほど多額の寄付はできないんだよ。

女性：なるほど、それがバザーを開く大きな理由なわけね。もっと教えて。

男性：そうだね、まず、本や中古家具や服の掘り出し物がたくさんある。地元の人がありとあらゆる売り物を提供してくれるんだ。それに、食べ物もおいしいよ。町を代表するレストランが数店、得意の料理を振る舞ってくれる。

女性：他には？

男性：向こうの方から音楽が聞こえてくるだろ？　あそこがメインステージ。7時にはじまって深夜まで、6つの地元のバンドが演奏するんだ。踊りたければ、ダンスフロアもあるよ。

女性：私にダンスを申し込んでいるわけ？

男性：まあ、そんなつもりじゃなかったけど、君がそういうなら、後で踊ってくれるかい？

女性：喜んで。でも、バザーに行く前に図書館でちょっと勉強しないと。8時にステージの前で会いましょう。

男性：いいよ。じゃ、そこでまた。

Q5　正解 (A)　🔊 MP3 141

Q: How do the men's teams receive their main financial support?

設問：男子チームは、どのようにして主だった金銭的援助を得ていますか。

(A) 学校の卒業生による寄付金で。
(B) スポーツイベントのチケットの売り上げで。
(C) 古書と古着を売ることで。
(D) バザーの収益で。

解説　出だしのやりとりでこの会話のトピックがバザーに関するものであることがわかる。女子スポーツチームを援助するためにバザーをするという。では、男子スポーツチームはどのような金銭的な援助を受けているのか。supported by donations from the alumni〜がポイントとなる。卒業生からの寄付によって支えられているのである。

Q6　正解　(C)　🔊 MP3 142

Q: According to the conversation, why is the men's alumni group at the university more organized than the women's group?

設問：会話によると、なぜ大学では男子の卒業生グループの方が女子の卒業生グループよりもしっかり組織化されているのですか。

(A) それほど多くの女性がスポーツをするわけではない。
(B) 男子チームの方が強い。
(C) 女子チームの方が比較的新しい。
(D) 男子のスポーツの方が関心が高い。

解説　男子の卒業生グループの方が女子のグループよりも組織がしっかりしているとのことだが、理由は？「女子チームは、競技をはじめて10年くらいしかたっていない」と男性がいっている。つまり、女子チームが比較的歴史が浅いため、その分卒業生組織もまだまとまっていないのである。

Q7　正解　(C)　🔊 MP3 143

Q: What time will the local bands start to play?

設問：地元のバンドは何時に演奏をはじめますか。

(A) 真夜中に。
(B) 午後に。
(C) 7時に。
(D) 8時ごろに。

解説　バンドが演奏をはじめるのはいつか。Starting at 7 o'clock である。会話に時刻や時間の情報が出たらメモしておくといいだろう。

Q8　正解　(D)　🔊 MP3 144

Q: What will the man and woman do later in the evening?

設問：男性と女性は、この後、晩に何をしますか。

(A) 一緒に夕食を取る。
(B) 中古家具を買う。
(C) 図書館で勉強する。
(D) 一緒に踊りに行く。

解説　「行動を問う」問題である。会話の終わりの部分に答えがある。男性が would you care to dance with me later といって女性をダンスに誘っている。正解は (D) である。

実力アップ

Part C
完全攻略

頻出問題の出題パターンを知
り、ひとりの話者によるトークの
リスニング問題を完全攻略する
ためのノウハウを身につけよう。

🎧 問題はこうして解く

出題形式　Part C

- **内容**：長めの話や講義の一部などを聞き、その内容に関する設問に答える。
- 設問に答えるために与えられている時間は約12秒。
- **出題パッセージ数**：3　　**問題数**：通常各3、4問、計10～12問
- **所要時間**：約12分（Directions も含む）

▌ 問題解説　→ ▌ 設問・選択肢を見る　→ ▌ 話・講義を聞く　→
▌ 設問・選択肢を読む＆答えをマーク　→ ▌ 次の問題へ

　ではフローチャートの順に従ってリスニング・セクション最後の Part C の問題攻略法を解説しよう。

▌ 問題解説

　"This is the end of Part B. Go on to the next page." で Part B が終わる。この時点で、かなり疲れを感じているはずである。しかし、息を抜いている余裕などない。リスニング・セクション最難関である Part C が待ち受けているからである。
　Part C の問題解説（Directions）がはじまる。ここでは、サンプルのパッセージを聞き、ふたつの設問を使った解説を聞くことになる。「集中力」（キーワード1）が途切れないように、音声を聞きながら心を落ち着かせるようにする。Part B のことを振り返ってはいけない。ここで問題を解く「リズム」（キーワード4）の大切さを再度思い出そう。

▌ 設問・選択肢を見る

　問題解説の後、素早くページをめくり、設問と選択肢をチェック。それぞれ聞き取る英文に対して4つ（3あるいは5の場合もある）の設問が出題の基本となっている。ザッと目をとおし、聞き取るポイントを絞り込む。最低限「数字や人名・国名・場所に関する表現は出ていないか」をチェック。繰り返し使われている表現にも注目。
　ではここで模擬練習をしてみよう。設問と選択肢をチェックして……。
（p.27 の Directions の前半部分が流れる）

シミュレーション6 🔊 MP3 **145**

Q 1

What is this talk about?

(A) Air pollution.

(B) A new type of silicon.

(C) A new type of solar panel.

(D) The cost of solar panels.

Q 2

Why is the new type of solar panel better than the current one?

(A) It is cheaper to produce.

(B) It is easier to manufacture.

(C) It is more efficient.

(D) It pollutes less.

Q 3

How much less will the new solar panel cost to produce?

(A) 10 percent.

(B) 20 percent.

(C) 35 percent.

(D) 80 percent.

　どのような情報をキャッチしただろうか。Q1 は話の主題、Q2 は新しい solar panel の利点、Q3 は新しい solar panel のコスト減についての数字。このくらいはわかるように速読力は身につけておきたい。このことを頭に入れ、問題用紙に書き込み、英文を聞く。出だしから話の主題をつかむように、「全神経を集中」（キーワード5）して……。

　では、答えの確認をしよう。

● 問題文スクリプト・訳

N: Listen to the following talk about an alternative energy source.

　It has long been a dream to produce cheap, reliable electricity from the sun. Thanks to a new type of solar panel, this dream may soon become a reality. Because the solar panels use common materials and inexpensive manufacturing methods, they will cost 80 percent less than the current models. Photoelectric cells are now made from crystalline silicon which costs $35 a pound. The new type of cell can be made from common silicon which costs only $1 a pound. Because solar electricity produces no air pollution and does not require fossil fuels, there are potentially great benefits from this new product.

ナレーター：次の代替エネルギー源に関する話を聞きなさい。

　廉価で確かな電力を太陽光から生み出すのは、長い間の夢でした。新型の太陽電池パネルのおかげで、この夢は近いうちに実現するかもしれません。この太陽電池パネルには、ありふれた素材と安価な製造方法が採用されているので、コストは現行モデルよりも 80 パーセント安くなるでしょう。光電池は現在、1 ポンド当たり 35 ドルの結晶シリコンを使ってつくられていますが、新しいタイプの電池は、1 ポンドたった1 ドルのありふれたシリコンでつくることができます。太陽光発電は大気を汚染することがなく、また、化石燃料を必要としないため、この新しい製品には潜在的に多くの利点があるのです。

Q1: What is this talk about?
設問 1：この話は何についてのものですか。
　　　(A) 大気汚染。
　　　(B) 新しいタイプのシリコン
　　　(C) 新しいタイプの太陽電池パネル
　　　(D) 太陽電池パネルの費用

▶ **解答と解説**　正解 ：**C**
　はじめに太陽光の利用について触れている。続けて新しい太陽電池パネルが出てくる。これがこの話の主題である。

Q2: Why is the new type of solar panel better than the current one?
設問 2：なぜ新しい型の太陽電池パネルは現行のものよりも優れているのですか。
　　　(A) より安く製造できる。
　　　(B) より簡単に製造できる。
　　　(C) より効率的だ。
　　　(D) 汚染がより少ない。

▶ **解答と解説**　正解 ：**A**
　ごく普通の材料を使用し、製作にもあまり費用がかからないのが利点である。

Q3: How much less will the new solar panel cost to produce?

設問 3：新しい太陽電池パネルは、どのくらい製造コストが安くなりますか。
(A) 10 パーセント。
(B) 20 パーセント。
(C) 35 パーセント。
(D) 80 パーセント。

◐ 解答と解説　**正解**▶：D

　数字が他にも出ているがとまどうことはないだろう。製造費が 8 割も安いのである。

　実際に問題を解いてみた感想はどうか。自分のリズムで設問に答えることができただろうか。Part A・B 同様、Part C でも、設問と選択肢からの情報をフルに活用することを忘れてはならない。あらかじめ設問と選択肢を見ることで、聞き取る英文の内容、話のポイントがかなり予測できるからである。

▌話・講義を聞く

　"Now let us begin with the first talk. Questions 39 through 42. Listen to the following talk ～ ." と前置きがあり、いよいよ英文が流れてくる。ここで最後のキーワード 7 の登場である。「すべてが理解できなくても設問には答えられる」。

　Part C で聞き取る英文は、Part B に比べ、内容的にも語彙的にも難しくなる（p.166 の DATA 6 参照）。従って、知らない単語や、聞き取れない箇所がそれだけ多く出てくる可能性が高い。しかし、である。聞き取った英文の内容がすべてわからなくても、設問には答えることができる。このことを忘れないでほしい。設問の傾向を見ても、細かい点を問う問題はあまり出題されることがない。大筋を理解していれば何とか答えられる設問が多いのである。

　では早速、模擬練習をしよう。設問と選択肢をチェックし、音声を再生する。

シミュレーション 7 🔊 MP3 **146**

Q 1
Who is the speaker?
(A) A Canadian businessman.
(B) A university professor.
(C) A college student.
(D) A book publisher.

Q 2
What did Mr. Ward do after graduating from university?

(A) He opened his own business.
(B) He entered the military.
(C) He moved to Canada.
(D) He worked as an accountant.

Q3
Why did Mr. Ward begin to write letters to his young son?
(A) His son lived in a different country.
(B) He wanted to offer him fatherly advice.
(C) He wanted to help him learn how to read.
(D) His son was afraid of death.

設問と選択肢から得た情報を頭に入れ、プレゼンテーションの一部を聞く。出だしに注意して……。では、答え合わせをしよう。

● 問題文スクリプト・訳
N: Listen to the following talk about G. Kingsley Ward.

Today for my presentation I'd like to introduce you to G. Kingsley Ward. Dr. Bromley assigned our class to speak about someone who has been influential in our own decision to enter college. For me this person was G. Kingsley Ward. Mr. Ward was a successful Canadian businessman who worked for several years as a certified public accountant. Drawing on his knowledge of accounting, he opened his own business when he was still in his early 30s. Unfortunately, he was forced to undergo two major surgeries at a relatively young age. Because he was afraid he might not live long enough for him to teach his son about how to run the family business, he began to compose letters to his son, even though his son was still a teenager. As it turned out, Ward lived far longer than he expected to. However, the letters that he wrote to his teenage son were collected, and with the family's permission bound together and published as a book. The wisdom of those letters, in which the father tried to pass his vast knowledge on to his son, was a powerful motivating force in my decision to enroll here. I hope you all have a chance to read Mr. Ward's book. I'm sure you will find it as full of inspiration as I have.

ナレーター：次の G・キングズリー・ウォードに関する話を聞きなさい。

　今日のプレゼンテーションでは、皆さんに G・キングズリー・ウォードという人物を紹介したいと思います。ブロムリー先生はこのクラスの学生に、自分が大学入学を決めるにあたって影響を及ぼしてきた人物について話すようにとおっしゃいました。私にとって、そうした人物は G・キングズリー・ワォードでした。ウォード氏は成功を収めたカナダ人の実業家で、何年間かは公認会計士を務めました。会計の知識を生かして、彼は 30 代前半にして独立し、事業に乗り出しました。ところが不運にも、比較的若い年齢で、2 度の大手術を受ける羽目に陥りました。自分の息子に家業の営み方を教えられるほど長生きできないかもしれないと考えた彼は、息子に宛てて手紙を書きはじめました。息子が、まだ 10 代だったというのにです。結局、ウォード氏は自分の予想よりもはるかに長生きしました。しかし、彼が 10 代の息子宛てに書いた手紙は集められ、家族の許可のもとにまとめられて、一冊の本として出版されたのです。それらの手紙の中で、父親は自分の広範な知識を息子に伝えようとしました。そこに込められた英知が、私の心を強く動かし、私はこの大学に入る決心をしたのです。皆さんにも、ウォード氏の本を読んでみていただければと思います。きっと、私と同様、大いに刺激を受けることでしょう。

Q1: Who is the speaker?
設問 1：話者は誰ですか。

　　　　(A) カナダ人の実業家。
　　　　(B) 大学教授。
　　　　(C) 大学生。
　　　　(D) 出版社の社員。

● **解答と解説**　**正解** ：C

　話の出だしに注目。Dr. Bromley assigned our class to ～と話者はいっている。このことから、この話がクラス発表の一部であることがわかる。従って正解は (C) となる。

Q2: What did Mr. Ward do after graduating from university?
設問 2：ウォード氏は、大学卒業後に何をしましたか。

　　　　(A) 彼は自分でビジネスをはじめた。
　　　　(B) 彼は軍隊に入隊した。
　　　　(C) 彼はカナダへ引っ越した。
　　　　(D) 彼は会計士として働いた。

● **解答と解説** 　**正解**：D

　話者はウォード氏が大学に行く決心をするにあたって自分自身に影響を与えた人物であるといい、その後で、a successful Canadian businessman who worked for several years as a certified public accountant と彼の経歴に触れている。このことから (D)「彼は会計士として働いた」が正解であると判断できる。

Q3: Why did Mr. Ward begin to write letters to his young son?
設問 3：なぜウォード氏は自分の若い息子に宛てて手紙を書きはじめたのですか。
　　　(A) 彼の息子が別の国に住んでいたから。
　　　(B) 彼は父親としてのアドバイスを与えたかったから。
　　　(C) 彼は息子が読み方を学ぶ手助けをしたかったから。
　　　(D) 彼の息子が死を恐れていたから。

● **解答と解説** 　**正解**：B

　ウォード氏はなぜ自分の若い息子に手紙を書きはじめたのか。Because he was afraid he might not live long enough for him to teach his son about how to run the family business, ～から正解がわかる。

　長めの英文を聞き取る際に、注意しなくてはならないのは、わからない語や表現が出てきてもあわてないことである。聞き取れなかった部分や難しい表現に気を取られて、全体の流れを見失ってはいけない。キーワード 6 を思い出してほしい。4WH・数字・固有名詞などを基本にして、大筋を理解するように心がけることが大切である。すべてを聞き取ろうと意気込むのはいいが、わからない表現が出てきた途端に「どうしよう、この単語知らない」と動揺するようでは困る。「大筋が理解できれば設問には答えられる」くらいの気持ちで、英文を聞き取るようにすることを忘れないでほしい。

■ 設問・選択肢を読む&答えをマーク

　英文の聞き取りが終わり、間髪を入れず "Number 39." と設問文が流れてくる。設問と選択肢を見ながら音声を聞く。与えられた時間は約 12 秒である。Part A・B の問題演習を通じて、この間に何をすべきかは十分にわかっているはずだ。再確認の意味を込めて、簡単にまとめておこう。「設問と選択肢に目をとおす」→「答えを見つける」→「わからないときには①ヤマ勘、②数の少なそうな記号を選ぶ」→「素早く答えをマーク」→「次の質問に備える」。この要領である。わからないときに、考え込んで「リズム」（キーワード 4）を崩してしまってはいけない。問題を解くリズムを、練習問題を通じて身につけてほしい。

次の問題へ

　1番目の英文に対する設問が終わると、続けて "Questions 43 through 46. Listen to the following talk 〜 " と指示があり、次の話が流れてくる。ここで必要になるのは、頭の切り替えである。気持ちを新たにして次の問題に臨む。素早く設問と選択肢に目をとおし、音声が流れてきたら出だしに集中。わからない箇所にこだわらずに大筋を理解する。設問にはテンポよく答えていく。このリズムを忘れないでほしい。

　実際の試験では、リスニング終了後、グラマーセクションに進むことになる。しかし、リスニングが思ったようにできなかったときには、そのことが気になって、なかなか文法問題に集中できないということがある。ここでもう一度キーワードを思い出そう。「集中力」「こだわりを捨てろ」「リズム」。これは文法問題を解く際にも当てはまることなのである。

🎙 出題傾向を教えます

Part C に出題される話・講義などの内容と設問の出題パターンを見てみよう。

DATA 6 　出題英文の内容

Part B に出題される会話文は、それほど難しいものではない。しかし、これが Part C になると、内容的にかなり手応えがある。使われている語彙もレベルが高い。話題は、大学の講義内容紹介、講義の一部、学生寮の規則説明など、大学生活に関わるものが多いが、聞き取る英文が講義の一部となると、当然、その内容は多少専門的（大学教養レベル）になり、話題も、歴史・環境・科学・教育など多岐にわたる。従って、Part C で高得点を取るには、日ごろからさまざまな分野の知識やより多くの語彙を身につけるように心がけることが必要となる。

Part C は、英語圏の大学の授業についていけるだけの英語力（理解力）があるかどうか見るために設けられているパートであるといっていいだろう。

DATA 7 　傾向分析：設問文

これまでに実施された TOEFL ITP の出題内容から、次のような設問文が頻繁に用いられていることがわかる。

(1) 主題

What is the main topic of the talk?

What is the talk mainly about?

What is the main purpose of the talk?

What does the speaker mainly discuss?

(2) 意見・考え

What does the speaker say/think about ～ ?

(3) 行動

What must the speaker do?

(4) 時・時期

When would this talk be given?

(5) 人物・職業

Who is the speaker?

(6) 聴衆・聞き手

Who is the speaker addressing?

（注）上記の他、Why、Where、How ～の設問文も出題される。

練習問題で実力アップ

攻略の手順および出題傾向は把握できたはずだ。次は、実践練習である。それぞれのテストに設定されているテーマを意識しながら問題に取り組んでみよう。準備はいいだろうか。では、Practice Test をはじめよう。

Practice Test 1
テーマ1：設問と選択肢をアウトラインのつもりでチェック

Practice Test 2
テーマ2：出だしで話のポイントをキャッチ

Practice Test 1

テーマ 1：設問と選択肢をアウトラインのつもりでチェック

　設問と選択肢からは、いろいろな情報を得ることができる。限られた時間ではあるが、アウトラインをチェックするようなつもりで、あらかじめ設問と選択肢に目をとおす。また、余裕があれば、設問と選択肢を見ながら音声を聞いてもいいだろう。

　問題は 12 問。途中で音声を止めてはいけない。問題解説（Directions）は省略してある。音声をスタートする前に 10 秒ほど設問と選択肢に目をとおしてもかまわない。テストは "Practice Test 1. Questions 1 through 4. Listen to the following talk 〜 ." ではじまる。

Q1-4　🔊 MP3 147

Q1　🔊 MP3 148
What field of study is this course in?
(A) Archaeology.
(B) Ethnology.
(C) Geography.
(D) Anthropology.

Q2　🔊 MP3 149
Which of the following is a major characteristic of the course?
(A) It seeks to study various geographic areas.
(B) It aims at comparing widely different cultures.
(C) It aspires to examine other cultures from within.
(D) It attempts to analyze the roots of human behavior.

Q3　🔊 MP3 150
In short, what effect does the speaker hope to have on the students?
(A) To help them understand their own identity.
(B) To change the way they perceive other cultures.
(C) To broaden their factual knowledge of the world.
(D) To expose them to unusual cultures and ways of life.

Q4 🔊 MP3 **151**

According to the speaker, which of the following is a natural human tendency when looking at a different culture?

(A) To interpret it objectively.

(B) To regard it as bizarre or unusual.

(C) To see it as its own people see them.

(D) To consider it as inferior to one's own.

Q5-8 🔊 MP3 **152**

Q5 🔊 MP3 **153**

According to the speaker, how fast can hummingbirds beat their wings while hovering?

(A) Over 178 times per second.

(B) As fast as 78 times per second.

(C) Less than 78 times per second

(D) 178 times per second.

Q6 🔊 MP3 **154**

How much food can a typical hummingbird eat in one day?

(A) Half of its weight.

(B) Equal to its weight.

(C) Two times its weight.

(D) Eight times its weight.

Q7 🔊 MP3 **155**

What materials does a hummingbird use in making its nest?

(A) Spider webs and plants.

(B) Silk and leaves.

(C) Thread and lichens.

(D) Flowers and branches.

Q8 🔊 MP3 **156**

Which of the following is not mentioned as dangerous for hummingbirds?

(A) Frogs.

(B) Other birds.

(C) Flies.

(D) Fish.

Q9-12 🔊 MP3 157

Q9 🔊 MP3 158

What is the main purpose of this announcement?

(A) To announce an increase in taxi service.

(B) To announce a new bus service.

(C) To announce an increase in bus fares.

(D) To announce new parking regulations.

Q10 🔊 MP3 159

For whom is the announcement mainly intended?

(A) Students who commute to school by car.

(B) Students who live on campus.

(C) Students who usually walk to school.

(D) Students who currently use the bus.

Q11 🔊 MP3 160

Why has it become necessary to prohibit students from driving on campus?

(A) The parking lots are at full capacity.

(B) Student insurance is no longer available.

(C) Students need to concentrate on their studies.

(D) There have been several accidents.

Q12 🔊 MP3 161

How often will the shuttle buses run?

(A) Every five minutes.

(B) Every 10 minutes.

(C) Once every quarter hour.

(D) Once every half hour.

This is the end of Practice Test 1.

1	D		5	B		9	B
2	C		6	A		10	A
3	B		7	A		11	D
4	D		8	C		12	C

解答と解説	**Practice Test 1**

Q 1-4

スクリプト・訳　　🔊)) MP3 **147**

N: Listen to the following talk given in a university class.

Welcome to Introduction to Anthropology, which, as you may have noticed from the course name, is subtitled, "A Study of the Peoples of the Earth." Anthropology attempts to study cultures from the inside, examining how people exist in their own worlds, in an effort to uncover what the values and worldview of particular peoples are. But this course is not just about academic study. One of my basic aims is to change you. I hope, by the end of the term, that you will come to understand that the values of one culture are not better than the values of another culture — just different. For instance, the things that give meaning to the lives of the Kaihari in Africa, and shape the way that they perceive the world, are in no way inferior to those that Norwegians use to measure their lives and the world around them. It is a very difficult task to overcome our habit of judging other people by our own standards — in this case, our American ideals, assumptions, and way of life, but it is really essential if we are to come to have a genuine understanding of the world beyond ourselves.

ナレーター：次の、大学の授業での話を聞きなさい。

人類学概論へようこそ。講座の名称を見て気づいたかもしれませんが、この授業には「地球上の人々の研究」という副題がついています。人類学で試みるのは文化を内側から研究することで、人々が自分たちの世界にどのように存在しているのかを調べることによって、ある特定の民族がどんな価値観や世界観を持っているのかを

解き明かそうとするものです。しかし、この授業ではアカデミックな研究ばかりに目を向けるわけではありません。私の基本的な狙いのひとつは、君たちを変えることです。願わくば学期の終わりまでに、ある文化での価値観が別の文化での価値観よりも勝っているということはない、単に異なっているだけなのだということを理解するようになってほしいと思います。例えば、アフリカのカイハリ族の生活にとって意味のあるものや、彼らの世界の捉え方を決めているものは、ノルウェー人が自分たちの生活や周囲の世界を評価するのに用いるものと比べて、なんら劣りはしないのです。人はつい自分たちの基準で——私たちの場合、アメリカ的な理想や思い込み、生活習慣といったもので——他の民族を判断しがちであり、この傾向を是正するのは非常に難しいことです。しかし、私たちの知らない世界を純粋に理解しようとするなら、それはまさに不可欠なことなのです。

Q1　正解　(D)　🔊 MP3 148

Q: What field of study is this course in?
設問：この講座はどのような研究分野に関するものですか。

(A) 考古学。
(B) 民族学。
(C) 地理学。
(D) 人類学。

　解説　出だしのことばをしっかりキャッチすれば問題はない。anthropology を ethnology（民族学）と聞き違えることはないだろう。

Q2　正解　(C)　🔊 MP3 149

Q: Which of the following is a major characteristic of the course?
設問：次のうちのどれが、この講座の大きな特徴ですか。

(A) さまざまな地理分野の研究を目指している。
(B) 広範囲にわたる異文化比較を目的としている。
(C) 他の文化を内側から精査することを目指している。
(D) 人間の行動の成り立ちを分析しようとしている。

　解説　Anthropology attempts to study cultures from the inside, 〜の部分が問題を解くカギを握っている。(C)の「文化を内側から（from within）精査すること」が正解となる。

Q3 正解 (B) 🔊 MP3 150

Q: In short, what effect does the speaker hope to have on the students?
設問：要するに、話者は学生にどのような影響を与えたいと望んでいますか。

(A) 自分のアイデンティティーを理解する一助となること。
(B) 他の文化に対する見方を変えること。
(C) 世界の事実に関する知識を広げること。
(D) 特殊な文化や生活様式と向き合うこと。

解説 One of my basic aims is to change you. といっている。では、何をどう変えたいのか。他の文化に対する見方を変えたいと思っている。どちらが優れている、というのではなく、ただ単に違っている (just different) という見方をするようになることを目指しているのだ。

Q4 正解 (D) 🔊 MP3 151

Q: According to the speaker, which of the following is a natural human tendency when looking at a different culture?
設問：話者によると、次のうちのどれが、異文化を目の当たりにした人間が陥りやすい傾向ですか。

(A) 異文化を客観的に解釈すること。
(B) 異文化を奇異なものや特殊なものと見なすこと。
(C) 異文化を、その文化圏の人々と同様に見ること。
(D) 異文化を自分の文化よりも劣っていると考えること。

解説 「カイハリ族はノルウェー人に比べても少しも劣っていない (in no way inferior)」と述べた後に、「自分たちの基準で他の民族を判断してしまう」とさらに付け加えている。どうしても、相手側を劣っている、と見がちなのである。

Q *5-8*

スクリプト・訳　　🔊 MP3 **152**

N: Listen to the following talk about hummingbirds.

The hummingbird is nature's smallest bird. In addition to its size, it is also well-known for its skill in flying. Not only can it hover in midair with its wings beating up to 78 times per second, but it can also fly backwards and even upside down!

Since hummingbirds eat up to half the weight of their bodies each day and drink up to eight times their weight in water, they must migrate south to where food is plentiful as winter approaches.

For a long time it was a mystery how the tiny hummingbird could make a 500-mile trip from the United States to Central America. Some suggested that perhaps the birds stopped on islands in the Gulf of Mexico along the way to rest and eat. Another popular explanation was that hummingbirds made the trip on the backs of larger, stronger birds. It is now known that the tiny birds store up to several grams of fat before they start their trip.

Hummingbirds build very small nests using lichens and other plants. They attach them to branches of trees using silk threads stolen from spider webs. The hummingbird has many enemies, including other birds. But large frogs and even fish also feed on them. Because of their small size, spider webs and sharp grasses are also hazardous to them.

ナレーター：次のハチドリに関する話を聞きなさい。

　ハチドリは、自然界で最小の鳥です。そのサイズだけでなく、飛び方もよく知られています。毎秒78回に及ぶ回数で羽ばたいて空中に停止するばかりか、後ろ向きに飛んだり、逆さまになって飛ぶことさえできるのです！

　ハチドリは毎日、自分の体重の半分ほどの重さの餌を食べ、体重の8倍もの水を飲むため、冬が近づくと、食料が豊富な南方へ移動しなければなりません。

　長い間謎だったのが、どうやってこの小さなハチドリが、米国から中米までの500マイルを移動できるのか、ということでした。おそらく途中でメキシコ湾にある島々に立ち寄り、休息したり餌を食べたりするのだろうという人もいました。もうひとつの通説は、ハチドリが自分よりも大型で強靭な鳥の背に乗って移動する、というものでした。今では、この小さな鳥が移動をはじめる前に何グラムもの脂肪を蓄えることがわかっています。

　ハチドリは、地衣類などの植物を使って非常に小さな巣を組み上げます。そして、クモの巣から採取した絹様の糸を用いて、巣を木の枝に取りつけるのです。ハチド

リには数多くの敵がおり、それには他の鳥たちも含まれます。しかし、大型のカエルや魚までもが、ハチドリを餌にしています。体が小さいがゆえに、クモの巣や尖った草も、ハチドリには危険な存在です。

Q5　正解 (B)　🔊 MP3 153

Q: According to the speaker, how fast can hummingbirds beat their wings while hovering?

設問：話者によれば、ハチドリは空中で停止している間、どのくらいの速さで羽ばたくことができますか。

(A) 1秒間に178回以上。
(B) 1秒間に78回も。
(C) 1秒間に78回未満。
(D) 1秒間に178回。

　解説　設問と選択肢から数字に耳を傾ける必要があるのは明らかだ。数字の78が聞こえてきたときに、選択肢に小さな印をつけておく。(B)の「1秒間に78回も」が正解。

Q6　正解 (A)　🔊 MP3 154

Q: How much food can a typical hummingbird eat in one day?

設問：一般的なハチドリは1日にどのくらいの量の餌を食べられますか。

(A) 体重の半分。
(B) 体重と同じ。
(C) 体重の2倍。
(D) 体重の8倍。

　解説　eat up to half the weight of their bodies〜といっている。つまり、体重の半分もの餌を食べるのだ。

Q7　正解 (A)　🔊 MP3 155

Q: What materials does a hummingbird use in making its nest?

設問：どんな材料を用いてハチドリは巣をつくりますか。

(A) クモの巣と植物。

(B) 絹と木の葉。
(C) 糸と地衣類。
(D) 花と枝。

解説 silk thread から (B) あるいは (C) を選んではいけない。silk threads stolen from spider webs が聞き取りのポイントになる。

Q8 正解 (C) 🔊)) MP3 **156**

Q: Which of the following is not mentioned as dangerous for hummingbirds?
設問：ハチドリにとって危険だと指摘されていないのは、次のうちどれですか。

(A) カエル。
(B) 他の鳥。
(C) ハエ。
(D) 魚。

解説 設問内の not に注意。(C)「ハエ」については何も述べられていない。設問に not が含まれる場合、全体的に内容を聞き取らなければならない。

Q9-12

スクリプト・訳 🔊)) MP3 **157**

N: Listen to the following announcement by a university official.

Good morning. I have an important announcement to make about the recently revised regulations concerning the use of student vehicles on campus. As you remember, last week I announced that students will no longer be allowed to drive on campus. As I mentioned, this change in policy was made in response to complaints from many students and campus residents about the number of students who have been violating the university's traffic laws. In addition, there have been a number of accidents in recent months involving student-driven vehicles. Now, we in the university administration realize that not being able to commute to campus will pose a hardship for a number of you. We especially regret the effect the new policy will have on the majority of students who obey the traffic rules and have not been involved in traffic accidents. In order to make life easier for you, we will be instituting a new shuttle bus service between the front gate and the center of the campus. We have arranged with the parking garage on First Street to allow students to purchase a discount monthly parking pass. From the parking garage to the front gate is only a five-minute walk. The shuttle bus will run four times per hour, leaving the front gate every 15 minutes. There will be no charge for the shuttle bus and, although the bus is primarily intended for those of you who currently drive to school, all students are welcome to use this service. Normal bus and taxi service from the Phillips Square subway station will not be affected by the creation of this shuttle bus route. If you have any questions, please check with the Student Affairs Office.

ナレーター：次の、大学当局による告知を聞きなさい。

　おはようございます。大切なお知らせがあります。最近、規則の見直しが行われた、大学構内での学生の車両の利用についてです。覚えていらっしゃると思いますが、先週、学生は今後、大学構内での車の運転が許可されなくなるとお伝えしました。お話ししたように、今回の方針変更は、多くの学生ならびに構内の居住者から、学内の交通規則を破っている学生が相当数いるとの苦情が寄せられたことによります。その上、ここ数カ月の間に、学生の運転する車が関与した事故が多発しています。ただ、私たち大学管理当局は、通学に支障を来せば、皆さんの多くが問題を抱えることになると認識しています。特に、新たな方針の影響が、交通規則を遵守し交通事故に巻き込まれたことのない大多数の学生にまで及んでしまうことを憂慮しています。そこで、皆さんの日常の負担を軽減するために、正門と敷地の中心部を結ぶ新しいシャトルバスの運行を開始します。1番通りにある駐車場と協議し、学生が割引で1カ月分の駐車許可証を購入できるようにしました。駐車場から正門までは、徒歩で5分しかかかりません。シャトルバスは1時間に4本運行し、正門を15分おきに出発します。シャトルバスは無料であり、まずは現在車で通学している学生を対象にしたものではありますが、全学生がこのサービスを利用できます。これまでの、地下鉄フィリップス広場駅からのバスとタクシーの運行が、このシャトルバス路線の開設に影響を受けることはありません。何か質問があれば、学生事務局にお尋ねください。

Q9　正解　(B)　◁)) MP3 158

Q: What is the main purpose of this announcement?
設問：この告知の主な目的は何ですか。

(A) タクシーの増発を知らせること。
(B) 新しいバスのサービスを知らせること。
(C) バスの運賃の値上げを知らせること。

(D) 新しい駐車規則を知らせること。

　解説　音声を聞く前に、素早く設問と選択肢をチェック。この知らせの主な目的は何か。大学構内での乗り物に関する規則および事故について触れ、a new shuttle bus service がスタートすることを伝えている。これがこの話の主目的である。

Q10　正解（**A**）　◁)) MP3 **159**

Q: For whom is the announcement mainly intended?
設問：この告知は主に誰に向けられたものですか。

(A) 車で通学している学生。
(B) 構内に住んでいる学生。
(C) ふだん徒歩で通学している学生。
(D) 現在バスを利用している学生。

　解説　出だしで the use of student vehicles on campus といっている。また、後半の方で、the bus is primarily intended for those of you who currently drive to school, 〜とその対象を明確にしている。

Q11　正解（**D**）　◁)) MP3 **160**

Q: Why has it become necessary to prohibit students from driving on campus?
設問：なぜ学生が大学構内で車を運転することを禁止する必要が生じたのですか。

(A) 駐車場が満車である。
(B) 学生保険がもう利用できない。
(C) 学生が勉強に集中しなければならない。
(D) 何度か事故があった。

　解説　there have been a number of accidents 〜といっている。事故が起こったからである。

Q12　正解（**C**）　◁)) MP3 **161**

Q: How often will the shuttle buses run?
設問：どのくらいの頻度でシャトルバスは運行する予定ですか。

(A) 5分おき。

(B) 10分おき。

(C) 15分に1本。

(D) 30分に1本。

解説 事前に設問と選択肢を見ておけば、時間に関する情報が聞き取りのポイントであることが容易にわかる。バスの運行の頻度に関する文を待ち構えよう。The shuttle bus will run four times per hour～ といっている。1時間に4回、15分間隔で走ることになる。

Part C 完全攻略

Practice Test 1

テーマ2：出だしで話のポイントをキャッチ

　話の出だしに神経を集中する。はじめの部分で、主題や目的について話すことが多いので、それをキャッチした上で、さらに具体的な内容を理解していく。

　問題は12問。途中で音声を止めてはいけない。問題解説（Directions）は省略してある。音声をスタートする前に10秒ほど設問と選択肢に目をとおしてもかまわない。テストは "Practice Test 2. Questions 1 through 4. Listen to the following talk 〜 ." ではじまる。

Q1-4　◁)) MP3 162

Q1　◁)) MP3 163

What is this talk mainly about?

(A) The role of creativity in the writing of fiction.

(B) The difficulties involved in publishing fiction.

(C) A comparison of fiction and nonfiction.

(D) A definition of literary fiction.

Q2　◁)) MP3 164

Who is the speaker addressing?

(A) Journalists.

(B) Editors.

(C) Students.

(D) Readers.

Q3　◁)) MP3 165

According to the speaker, which of the following do writers do in writing stories?

(A) Make them up completely.

(B) Sometimes use people and places they know as models.

(C) Base their stories solely on their experiences.

(D) Imitate or counterfeit journalism.

Q4 🔊 MP3 166
According to the speaker, which of the following is the main intention of the writer of fiction?
(A) To create realistic characters.
(B) To understand the world.
(C) To share a world view.
(D) To tell a story.

Q5-8 🔊 MP3 167

Q5 🔊 MP3 168
What is the main topic of this talk?
(A) English phonetics.
(B) One variety of English.
(C) The history of English.
(D) English spelling.

Q6 🔊 MP3 169
According to the speaker, who can most easily recognize Canadian English?
(A) People from Britain.
(B) Nonnative speakers of English.
(C) Other Canadians.
(D) Speakers of American English.

Q7 🔊 MP3 170
What does the speaker say about the relationship between Canadian English and American English?
(A) They share a lot of the same grammar.
(B) Canadian English has distinctive grammatical rules.
(C) They both have the same pronunciation.
(D) Canadian English uses a very different vocabulary.

Q8 🔊 MP3 171
Why does the speaker mention immigration?
(A) To claim that Canadian English is changing.
(B) To show how the English language evolves.
(C) To explain its influence on Canadian English.
(D) To describe why French became an official language.

Q9-12 🔊)) MP3 172

Q9 🔊)) MP3 173

What is the most appropriate title for this talk?

(A) Careers in Astronomy.

(B) The Development of Calendars.

(C) Ancient Forms of Navigation.

(D) Practical Uses of Astronomy.

Q10 🔊)) MP3 174

According to the speaker, why do many people not take the science of astronomy seriously?

(A) It is too complex and difficult to understand.

(B) They believe it is too theoretical.

(C) They did not study astronomy in school.

(D) They don't believe that it is a true science.

Q11 🔊)) MP3 175

At about the time of Julius Caesar, how did calendars change?

(A) The new calendars were based on the movements of the sun.

(B) Yearly calendars were created to replace monthly ones.

(C) Astronomers replaced priests as the creators of the calendars.

(D) The new calendars were made specifically for the use of farmers.

Q12 🔊)) MP3 176

Which of the following uses is not listed by the speaker as an everyday application of astronomy?

(A) Ocean navigation.

(B) Predicting the weather.

(C) The creation of calendars.

(D) The evolution of space travel.

This is the end of Practice Test 2.

1	A
2	C
3	B
4	D

5	B
6	C
7	A
8	C

9	D
10	B
11	A
12	D

解答と解説	**Practice Test 2**

Q 1-4

スクリプト・訳　🔊 MP3 **162**

N: Listen to the following talk about an important type of writing.

　Good afternoon class. Today we will start the portion of the course dealing with short stories and novels. The word "fiction" comes from the Latin root "fictio," meaning "to shape or counterfeit." In literature, fiction refers to writing — short stories and novels — which comes mostly from the writer's imagination. Of course, even in short stories and novels, writers often use people they know and places they have been as models, but the story itself makes no claim to describe a particular person or place factually. They are "shaped" by the writer for the writer's own purpose — which is to tell a story. The stories told by a writer come at least in part from the writer's imagination, unlike "stories" told by journalists and biographers.

ナレーター：次の、重要な文章の種類に関する話を聞きなさい。

　こんにちは、皆さん。今日は、短編小説と長編小説に関する講義をはじめましょうか。「フィクション」ということばは、ラテン語の「フィクティオ」から来ています。「形づくる」もしくは「模造する」という意味を持つことばです。文学の世界では、フィクションとは、短編小説であれ長編小説であれ、主に作家のイマジネーションによって生み出される作品のことを指しています。もちろん、短編小説・長編小説の中でも、作家は自分の知っている人物や行ったことのある場所をモデルとして使うことがよくあります。しかし、ストーリーそのものは、実在する特定の人物や場所を描写するためのものではありません。作中の人物や場所が作家の手で「加工」され、作家自身の意向、つまりストーリーを語ることに合わせられるのです。作家によっ

て語られるストーリーは、少なくともその一部は作家のイマジネーションによって生み出されます。そこが、ジャーナリストや伝記作家の手による「物語」とは違うところなんです。

Q 1　正解　(A)　🔊 MP3 163

Q: What is this talk mainly about?
設問：この話は主に何に関するものですか。

(A) フィクションを書く際の創造力の役割。
(B) フィクションを出版することの難しさ。
(C) フィクションとノンフィクションの比較。
(D) 文芸小説の定義。

解説　長文問題の1問目には、主題に関する設問が出題されることが多い。この話の主題としてふさわしいのはどれか。本文ではfictionの語源について説明した上で、comes mostly from the writer's imaginationということばを使って、fictionについて語っている。

Q 2　正解　(C)　🔊 MP3 164

Q: Who is the speaker addressing?
設問：話者は誰に向かって話していますか。

(A) ジャーナリスト。
(B) 編集者。
(C) 学生。
(D) 読者。

解説　出だしに注目。Good afternoon class. から判断して聴衆は学生であると考えられる。

Q 3　正解　(B)　🔊 MP3 165

Q: According to the speaker, which of the following do writers do in writing stories?
設問：話者によれば、作家は物語を書くときに次のうちのどれを行いますか。

(A) すべてを架空の話にする。

(B) ときどき知人や知っている場所をモデルとして使う。

(C) 自分の経験だけに基づいて物語を書く。

(D) ジャーナリズムを模倣したり偽装したりする。

解説 writers often use people they know and places they have been as models の部分から正解が (B) であることがわかる。

Q4 正解 (D) 🔊 MP3 166

Q: According to the speaker, which of the following is the main intention of the writer of fiction?

設問：話者によれば、次のうちのどれがフィクション作家の主な目的ですか。

(A) 現実的な登場人物をつくり出すこと。

(B) 世界を理解すること。

(C) 世界観を共有すること。

(D) ストーリーを伝えること。

解説 the writer's own purpose — which is to tell a story といっている。フィクション作家の主な目的は、ストーリーを語ることである。

Q5-8

スクリプト・訳 🔊 MP3 167

N: Listen to the following talk given by a linguistics professor.

It is difficult to distinguish Canadian English from some other North American varieties of English without the help of a phonetician. In other words, it takes a trained ear to be able to notice the differences between the way an English-speaking Canadian speaks the language and the way other North Americans do. However, Canadian English is instantly recognizable to other Canadians, even if the rest of the English-speaking world confuses it with American English. The differences are mainly in vocabulary and pronunciation, as the grammar is largely similar to the variety known as "General American." Some British spellings are preserved in Canadian English, like "o-u-r" in colour. But a more typical Canadian characteristic is reflected in "tire centre," where "tire" is spelled the American way, "t-i-r-e," and "centre" is spelled like it is in Britain, "r-e," instead of "e-r." Canadian English is the product of many waves of immigration and settlement over the centuries, and there are numerous regional differences across the vast country. French, which is Canada's other official language, has had a great influence on the country's English-speaking citizens, especially in the East. In addition, the languages of the First Nations – Canada's original peoples – have greatly enriched the vocabulary. In fact, the name Canada itself comes from the Iroquoian word "kanata," meaning "village" or "land."

ナレーター：次の言語学の教授による話を聞きなさい。

　カナダ英語とその他の北米の英語方言を、音声学者の手を借りずに区別するのは困難です。つまり、英語を母語とするカナダ人が話す英語と、その他の北米出身者が話す英語の違いを認識できるようになるには、聞き取りの訓練が必要なのです。しかし、カナダ英語はカナダ人なら即座に認識できます。他の英語圏の人々には、アメリカ英語との区別がつかないのですが。その違いは、主に語彙と発音にあります。文法はおおむね、「標準アメリカ英語」として知られているものと同じです。カナダ英語には、いくつかイギリス式のつづりが残されています。例えば、colour（色）におけるo-u-rがそうです。しかし、より典型的なカナダ英語の特徴が表れている例はtire centreです。tireのつづりがアメリカ式でt-i-r-eなのに（注：イギリス式ではtyre）、centreはイギリスでつづられるのと同様、e-rではなくr-eなのです。カナダ英語は、何世紀にもわたって繰り返された入植と定住の産物です。広大な国土の全域に数々の方言があります。フランス語はカナダの別の公用語ですが、この言語は同国の英語話者たち、とりわけ東部に住む人々に大きな影響を与えてきました。加えて、ファースト・ネーションズ——カナダの先住民族の言語が、大幅に語彙を拡充してきました。事実、カナダという国名自体、「村」や「土地」を表すイロコイ族の言葉「カナタ」に由来しているのです。

Q5　正解（B）　◁» MP3 168

Q: What is the main topic of this talk?
設問：この話の主題は何ですか。

(A) 英語音声学。
(B) 英語のバリエーションのひとつ。
(C) 英語の歴史。
(D) 英語のつづり。

　解説　ここでも1問目は、主題に関する設問だ。この話の主題は何か。話を聞けばカナダ英語が主題になっていることがすぐにわかる。正解は (B) One variety of English. である。

Q 6 正解 (C) 🔊 MP3 169

Q: According to the speaker, who can most easily recognize Canadian English?

設問：話者によると、誰が最も簡単にカナダ英語を区別できますか。

(A) 英国出身者。
(B) 英語を母語としない人。
(C) 他のカナダ人。
(D) アメリカ英語を話す人。

解説 話者によると、最も簡単にカナダ英語を聞き分けることができるのは誰か。Canadian English is instantly recognizable to other Canadians, ～から正解がすぐにわかる。

Q 7 正解 (A) 🔊 MP3 170

Q: What does the speaker say about the relationship between Canadian English and American English?

設問：話者はカナダ英語とアメリカ英語の関係についてどのようにいっていますか。

(A) 多くの文法が共通している。
(B) カナダ英語には明確な文法規則がある。
(C) どちらも発音が同じだ。
(D) カナダ英語ではかなり異なる語彙が使われる。

解説 話者はカナダ英語とアメリカ英語の関係についてどのようにいっているか。～ the grammar is largely similar to the variety known as "General American." の部分で、カナダ英語の文法はおおむね、標準アメリカ英語と同じだ、といっている。(D) では very different の very があるので、話の内容と合わない。

Q 8 正解 (C) 🔊 MP3 171

Q: Why does the speaker mention immigration?

設問：なぜ話者は入植に言及しているのですか。

(A) カナダ英語は変化しているところだと主張するため。
(B) 英語がどのように進化したかを示すため。
(C) カナダ英語への影響を説明するため。

(D) なぜフランス語が公用語になったかについて述べるため。

解説 Canadian English is the product of many waves of immigration ～ と述べられている。つまり、入植が繰り返された結果、国土のあちらこちらにいろいろな移民が定住し、さまざまな方言を含む今のカナダ英語が形成された。中でもフランス語と先住民族の言語の影響は大きかった。このことを話者は指摘したかったのである。

Q 9-12

スクリプト・訳 〔🔊〕 MP3 **172**

N: Listen to the following talk about astronomy.

People who work at raising crops, building bridges, or running businesses sometimes think that the scientist peering through his or her telescope is an idle dreamer whose work will never do anyone much good. They may think of astronomy as an impractical science. Yet the everyday applications of some astronomical findings are so common that they are often overlooked.

In early times, people wanted an accurate calendar for fixing the proper days for religious celebrations. Farmers also needed calendars so that they could do their plowing, planting, and harvesting at the right times. Ancient astronomers prepared calendars based on the motions of the moon and of other heavenly bodies. But these early calendars were often inaccurate. By the time of Julius Caesar, the lunar calendar then in use, based on the motions of the moon, had fallen three months behind. This calendar confused the priests and the farmers. New calendars were made based on observations of the changing positions of the sun during the course of the year.

There have been many other everyday uses of astronomy. For example, for centuries, sailors have used observations of heavenly bodies to help them navigate, or find their way from port to port. Additionally, weather forecasters have used information about the sun's variations to make more accurate forecasts.

ナレーター：次の、天文学に関する話を聞きなさい。

作物を育てたり、橋を架けたり、事業を経営したりといった仕事に就いている人々は、望遠鏡をのぞいている科学者のことを、ちっとも人の役に立たないことをしている、つまらない夢想家だと考えがちです。天文学など、実益のない科学だと思うかもしれません。しかし、天文学上の発見が実生活に応用された例は、いくつもあ

ります。それらは、あまりにもありふれているので、つい見すごされてしまうのです。

　その昔、人々は正確な暦を求めていました。宗教的な祭典にふさわしい日どりを決めるためでした。農民にも暦が必要でした。暦があれば、耕作や種まき、収穫を最適な時期に行えるからです。古代の天文学者たちは、月などの天体の動きを基にして暦をつくりました。しかし、こうした初期の暦は往々にして不正確なものでした。ジュリアス・シーザーの時代まで使われていた太陰暦は、月の動きに基づいてはいたものの、実際の季節よりも3カ月遅れたものでした。この暦は聖職者や農民を混乱させてしまいました。そこで新たに、1年を通じて太陽の位置を観測した結果を基に、暦がつくられたのです。

　天文学は、他にもいろいろと実生活の中で利用されてきました。たとえば、何世紀にもわたり、船乗りたちは天体観測を航海に役立て、港から港への航路を決めてきました。加えて、気象予報士も、太陽の変化に関する情報を使い、予報の精度を高めてきたのです。

Q9　正解　(D)　🔊 MP3 173

Q: What is the most appropriate title for this talk?
設問：この話に最もふさわしいタイトルは何ですか。

(A) 天文学の分野での経歴。
(B) 暦の発達。
(C) 古代の航海術。
(D) 天文学の実用例。

解説　出だしの部分をじっくり聞いていれば天文学に関する話をしようとしているのがわかるはずだ。天文学は実用的ではないと思われているが、実はそうではないといいたいのだ。

Q10　正解　(B)　🔊 MP3 174

Q: According to the speaker, why do many people not take the science of astronomy seriously?
設問：話者によれば、なぜ多くの人々が天文学を真剣に受け止めないのですか。

(A) あまりにも複雑で難しく、理解できない。
(B) あまりにも理論に偏っていると思っている。
(C) 学校で天文学を勉強しなかった。
(D) 真の科学だとは思っていない。

解説 raising crops、building bridges などに従事している人たちは天文学者を idle dreamer、天文学を impractical だと思っている、と話者はいっている。このことから、「あまりにも理論的すぎる（実践が伴わない）」と思っているからではないかと推測できる。

Q11 正解 （A） 🔊 MP3 175

Q: At about the time of Julius Caesar, how did calendars change?
設問：ジュリアス・シーザーの時代の前後に、暦はどのように変わりましたか。

(A) 新暦が太陽の動きに基づいた。
(B) 年歴がつくられ、月暦に取って代わった。
(C) 天文学者が聖職者に代わって暦をつくるようになった。
(D) 新暦が農民による利用に特化してつくられた。

解説 それまでは月の動きに基づいていたが、新しい暦は太陽の動きによって作成されるようになったのである。

Q12 正解 （D） 🔊 MP3 176

Q: Which of the following uses is not listed by the speaker as an everyday application of astronomy?
設問：次の用途のうち、話者によって天文学の日常生活への応用例として挙げられていないのはどれですか。

(A) 航海術。
(B) 天気予報。
(C) 暦の作成。
(D) 宇宙旅行の進化。

解説 全体の流れをザッと振り返って……。話者は宇宙旅行について何も触れていない。not が設問中にあった場合、全体的に聞き逃さないようにしなければならない。

Chapter 5

\ 仕上げのテストで成果をチェック /

FINAL TEST

これまでの学習成果を確かめ
ながら、本番へ向けた最後の仕
上げをしよう。

FINAL TEST を受けるにあたって

これまでの練習成果を試すときがやってきた。「キーワード」を再度チェックしてから、FINAL TEST にチャレンジしよう。

キーワード
1. 集中力
2. こだわるな
3. チャンスは2度ある
4. リズム
5. 出だしに全神経を集中させろ
6. ポイントは4WH
7. すべてが理解できなくても質問には答えられる

受験上の注意

(1) HB の鉛筆を用意する。
(2) 巻末の解答用マークシート（Answer Sheet）をコピーして（切り取って）使用する。
(3) 途中で邪魔（雑音など）が入らないように注意する。
(4) 音声を聞きながら問題を解き、解答欄の該当する○を黒く塗りつぶす。
(5) 問題は3つのパートから構成されている。
   Part A: 短い会話文を聞き、その内容に関する質問に答える（30問）
   Part B: 長めの会話文を聞き、その内容に関する質問に答える（8〜10問）
   Part C: 長めの話や講義の一部などを聞き、その内容に関する質問に答える（10〜12問）
(6) 音声ファイルが連続再生されるように音声アプリやプレーヤーを設定しておき、一度音声をスタートしたら途中で止めない。Part C の最後まで休憩をとらないこと。

準備はいいだろうか。では、はじめよう！

FINAL TEST

Listening Comprehension

 MP3 **177**

In this section of the test, you are to demonstrate your ability to understand conversations and talks in English. There are three parts to this section with special directions for each part. Please answer all the questions on the basis of what is stated or implied by the speakers in this test. Do **NOT** turn the pages until you are told to do so.

Part A

Directions: In Part A you will hear short conversations between two speakers. After each conversation, you will hear a question about the conversation. The conversations and questions are not repeated. After you hear a question, read the four choices in your test book and choose the best answer. Then, on your answer sheet, find the number of the question and fill in the space that corresponds to the letter of the answer you have chosen.

Here is an example. Listen carefully.

On the recording, you will hear:

In your test book, you will read:
What does the woman want the man to do?
(A) Tell her the time.
(B) Let her pass.
(C) Listen to her excuse.
(D) Repeat what he said.

Sample Answer
Ⓐ Ⓑ Ⓒ ●

You learn from the conversation that the woman couldn't catch what the man said. The best answer to the question, "What does the woman want the man to do?" is (D), "Repeat what he said." Therefore, the correct choice is (D).

Wait

Q1 🔊 MP3 178

What does the woman mean?

(A) The man should show his sales receipt.

(B) He cannot get a different shirt.

(C) The store is closing.

(D) They have stopped selling shirts.

Q2 🔊 MP3 179

What does the man mean?

(A) He doesn't like the dishes.

(B) He would like to eat spaghetti again.

(C) He doesn't want to eat the same food again.

(D) He asks why they are going to an Italian restaurant.

Q3 🔊 MP3 180

What does the woman want the man to do?

(A) Take a look at her ID.

(B) Show her his ticket to the play.

(C) Forgive her for being late.

(D) Say the same thing over again.

Q4 🔊 MP3 181

What do we learn from this conversation?

(A) They plan to stay together for at least three months.

(B) They have known each other for three months.

(C) They remember well where they first met.

(D) They met on an international flight.

Q5 🔊 MP3 182

What can be concluded from this conversation?

(A) The couple won't be going out.

(B) They are going to a concert tonight.

(C) They don't know where the concert is.

(D) They will be late for the concert.

Q6 🔊 MP3 **183**

What does the man mean?

(A) He received a high grade.

(B) He did not pass the course.

(C) He had to drop the course.

(D) He barely passed the course.

Q7 🔊 MP3 **184**

What are the man and woman doing?

(A) They are seeing a movie with Jim.

(B) They are giving away Jim's movie ticket.

(C) They are arguing about whether Jim is late.

(D) They are waiting for Jim to show up at the theater.

Q8 🔊 MP3 **185**

What does the woman mean?

(A) It's too late to do anything.

(B) Her husband will change the oil.

(C) She would like the man to stop bothering her.

(D) Her husband doesn't have time to work on the car.

Q9 🔊 MP3 **186**

Why couldn't the woman finish the novel?

(A) She was distracted.

(B) She had too much to do.

(C) The novel was too long.

(D) The final chapter was not finished.

Q10 🔊 MP3 **187**

What are the man and woman doing?

(A) Starting a new account.

(B) Committing a crime.

(C) Waiting in line at a bank.

(D) Buying groceries at a supermarket.

Q11 🔊)) MP3 188

What does the woman mean?

(A) She has never seen anything like that picture.

(B) She's very fond of the photograph.

(C) She moved her desk across the room.

(D) She needs a new frame for the picture.

Q12 🔊)) MP3 189

What does the woman mean?

(A) She's surprised Pete got married.

(B) She's sorry to hear about Pete.

(C) She thinks Pete is always joking.

(D) She knows Pete is very busy.

Q13 🔊)) MP3 190

What does the man want?

(A) Some boxes to pack things in.

(B) Some music tapes.

(C) Some items from a hardware store.

(D) Some stationery supplies.

Q14 🔊)) MP3 191

What does the woman say about the tie?

(A) The tie looks nice.

(B) The man has good taste in ties.

(C) The tie goes with his jacket.

(D) She does not like the man's tie.

Q15 🔊)) MP3 192

What does the woman mean?

(A) Barbara hasn't decided her topic yet.

(B) Barbara isn't likely to finish her research.

(C) Barbara wasn't very interested in her research.

(D) Barbara did her research on heart disease.

Q16 ◁》) MP3 193

What does the man imply?

(A) It's likely to rain later in the day.

(B) He doesn't want to go shopping.

(C) There's nothing interesting on television.

(D) He didn't read the paper this morning.

Q17 ◁》) MP3 194

What does the woman mean?

(A) The weather looks bad.

(B) The clouds look lovely.

(C) The roads are too crowded.

(D) There are too many people at the beach.

Q18 ◁》) MP3 195

What can be inferred from this conversation?

(A) The woman carried her stereo down the stairs.

(B) The man was almost finished with his studying.

(C) The man would like to borrow the woman's stereo.

(D) The woman's music was bothering the man.

Q19 ◁》) MP3 196

What does the man mean?

(A) He and his friends went to a pub for a drink.

(B) He went to visit his friend's house.

(C) He has already had something to eat.

(D) He was also looking for the woman.

Q20 ◁》) MP3 197

What does the woman say about the bookstore?

(A) It went out of business.

(B) It's open until 9:00 every evening.

(C) It now closes earlier than before.

(D) It has moved to a new location.

Q21 🔊 MP3 198
What does the man imply?
(A) They don't have any playing cards.
(B) They already have enough players.
(C) They can work on the project tomorrow.
(D) They don't have time to play cards.

Q22 🔊 MP3 199
What will the man and woman probably do?
(A) Have food delivered.
(B) Fix pizza at home.
(C) Go out to eat.
(D) Go shopping.

Q23 🔊 MP3 200
What does the man mean?
(A) The water is very calm.
(B) The swimming class is very good.
(C) He needs his glasses to see well.
(D) He would like a glass of water.

Q24 🔊 MP3 201
What does the woman mean?
(A) She'd love to go shopping with the man.
(B) She doesn't want to think about getting older.
(C) She doesn't expect any presents from the man.
(D) She's looking forward to her birthday.

Q25 🔊 MP3 202
What does the man imply about the woman's mother?
(A) She's a professional clarinet player.
(B) She'll be pleased about the woman's decision.
(C) She's been very depressed recently.
(D) She also plays the clarinet for fun.

Q26 🔊 MP3 203

What does the man mean?

(A) He agrees with the woman.

(B) He doesn't like air-conditioning.

(C) He didn't hear the woman.

(D) He likes working with the woman.

Q27 🔊 MP3 204

What can be inferred from this conversation?

(A) The man is looking forward to living in Seattle.

(B) The man often changes his residence.

(C) The man must live apart from his wife.

(D) The man is moving to a new apartment in town.

Q28 🔊 MP3 205

What had the woman assumed?

(A) The man would go with someone else.

(B) The concert was going to be canceled.

(C) The man had lost their concert tickets.

(D) They wouldn't be able to attend the concert.

Q29 🔊 MP3 206

What does the woman imply?

(A) The restaurant is too expensive.

(B) The man should plan on driving.

(C) The man should change his clothes.

(D) She doesn't want the man to go with Emily.

Q30 🔊 MP3 207

What does the woman mean?

(A) Jerry works on his paper from time to time.

(B) Jerry has been very diligent.

(C) Jerry should be finished by the end of the day.

(D) Jerry only comes every other day.

No test material on this page.

((•)) MP3 **208**

Part B

Directions: In this part, you will hear some longer conversations. After each conversation, you will hear several questions. The conversations and questions are not repeated. After you hear a question, read the four choices in your test book and choose the best answer. Then, on your answer sheet, find the number of the question and fill in the space that corresponds to the letter of the answer you have chosen.

Wait

Q31-34 🔊)) MP3 209

Q31 🔊)) MP3 210
What is this conversation mainly about?
(A) The new president at the university.
(B) Problems in student government.
(C) Mistakes the trustees have made.
(D) The cancellation of several courses.

Q32 🔊)) MP3 211
What are the speakers especially worried about?
(A) A plan to cut faculty salaries.
(B) A decision to change student representation.
(C) A proposal to raise school fees.
(D) A suggestion to reduce student financial aid.

Q33 🔊)) MP3 212
According to the woman, what positive change will the new president propose?
(A) The elimination of the faculty association.
(B) The firing of the dean of the college.
(C) The creation of a representative seat for students.
(D) A decrease in the athletic budget.

Q34 🔊)) MP3 213
What does the woman suggest the man do?
(A) Talk to the new president.
(B) Transfer to another school.
(C) Reevaluate his choice of majors.
(D) Run for the representative seat.

Q35-38 🔊 MP3 214

Q35 🔊 MP3 215
Why did the woman visit the professor's office?
(A) To seek some advice on writing a paper.
(B) To see if she could take his course.
(C) To talk about one of his recent lectures.
(D) To get his approval to use the computer center.

Q36 🔊 MP3 216
What field is the woman studying?
(A) Clinical Psychology.
(B) Composition.
(C) Computer Science.
(D) Education.

Q37 🔊 MP3 217
According to the professor, where can the woman use the ERIC database?
(A) At the departmental office.
(B) At the library.
(C) At the student union.
(D) At the computer center.

Q38 🔊 MP3 218
According to the professor, what problem may the woman have when she begins using the ERIC database?
(A) Limited access to the terminals.
(B) Too much information.
(C) Shortage of time.
(D) Too few sources.

No test material on this page.

MP3 **219**

Part C

Directions: In this part, you will hear some short talks. After the talks, you will hear several questions. The talks and questions are not repeated. After you hear a question, read the four choices in your test book and choose the best answer. Then, on your answer sheet, find the number of the question and fill in the space that corresponds to the letter of the answer you have chosen.

Here is an example. Listen carefully.

On the recording, you will hear:

Listen to a sample question.

In the test book, you will read: Who should register at the south end?

(A) Engineering students.
(B) Graduate students.
(C) Humanities students.
(D) Science students.

Sample Answer

Ⓐ ● Ⓒ Ⓓ

The best answer to the question, "Who should register at the south end?" is (B), "Graduate students." Therefore, the correct choice is (B).

Now, listen to the other sample question:

In the test book, you will read: Where is the exit?

(A) On the north side.
(B) On the south side.
(C) On the east side.
(D) On the west side.

Sample Answer

Ⓐ Ⓑ ● Ⓓ

The best answer to the question, "Where is the exit?" is (C), "On the east side." Therefore, the correct choice is (C).

Wait

Q39-42 🔊)) MP3 **220**

Q39 🔊)) MP3 **221**

Which audience is the man probably addressing?

(A) Shoppers.

(B) Tourists.

(C) Archaeologists.

(D) Passengers.

Q40 🔊)) MP3 **222**

How are the old baskets now regarded?

(A) Valuable as collectors' items.

(B) Useful for carrying things.

(C) Informative as artifacts from the past.

(D) Interesting from a cultural point of view.

Q41 🔊)) MP3 **223**

Which of the following are the listeners advised to do when buying a basket?

(A) Think carefully about what the basket will be used for.

(B) Pick one made only from the best materials.

(C) Choose a basket in the best possible condition.

(D) Purchase a miniature or odd-shaped basket.

Q42 🔊)) MP3 **224**

What will probably happen after the talk?

(A) A variety of baskets will be offered for sale.

(B) The listeners can look closely at some baskets.

(C) A basket maker will demonstrate weaving techniques.

(D) The listeners will walk up to the second floor.

Q43-46 🔊)) MP3 225

Q43 🔊)) MP3 226
What is the speaker's basic purpose in the passage?
(A) To introduce some new words.
(B) To talk about the importance of being nice.
(C) To show words can change their meanings over time
(D) To explain the history of the word "label."

Q44 🔊)) MP3 227
What can be said about the two examples?
(A) One made a bigger change than the other.
(B) One occurred in French while the other did in English.
(C) One is no longer in use today.
(D) One is only used in conversation.

Q45 🔊)) MP3 228
What does the speaker suggest about the word "label?"
(A) It has partially kept its original meaning.
(B) The original meaning has no relation to the current meaning.
(C) It is used today the same way as in the past.
(D) French people would be surprised by its usage.

Q46 🔊)) MP3 229
What does the speaker imply in the last line?
(A) Once the meaning of a word is changed, it will stay unaltered.
(B) The spelling of a word will seldom change.
(C) Even the meaning of a word that has been changed might shift again.
(D) There are a lot of words that have yet to be defined.

Q47-50 🔊 MP3 230

Q47 🔊 MP3 231
Who is the speaker talking to?
(A) College freshmen.
(B) Science researchers.
(C) Advanced biology majors.
(D) Members of a chemistry club.

Q48 🔊 MP3 232
What is this lecture mainly about?
(A) The contrast between animate and inanimate objects.
(B) The ways that plants and animals reproduce.
(C) Some unusual characteristics of rocks.
(D) Important developments in biology.

Q49 🔊 MP3 233
According to the speaker, which of the following is a distinguishing feature of life forms?
(A) Genes.
(B) Fixed life span.
(C) Gradual decay.
(D) Metabolism.

Q50 🔊 MP3 234
What does the speaker use the example of the amoeba to demonstrate?
(A) Organisms can rapidly reproduce.
(B) Animate objects can be very small.
(C) Life forms can adapt to their environment.
(D) Animate and inanimate objects often interact.

STOP STOP STOP **STOP** STOP STOP STOP

This is the end of the FINAL TEST.

Part A

1	B	11	B	21	D
2	C	12	A	22	A
3	D	13	C	23	A
4	B	14	D	24	D
5	A	15	C	25	B
6	D	16	B	26	A
7	D	17	A	27	B
8	B	18	D	28	D
9	A	19	C	29	C
10	C	20	C	30	B

Part B

31	A
32	C
33	C
34	D
35	A
36	D
37	B
38	B

Part C

39	B
40	A
41	C
42	B
43	C
44	A
45	A
46	C
47	A
48	A
49	D
50	C

TOEFL ITP スコア換算表

　FINAL TEST 50 問中の正解数をもとに、TOEFL での予想スコアを算出してみよう。ここで用いる換算表は、PRIMARY TEST 同様、TOEFL 受験経験者の方々の協力によって作成したものである。実際の TOEFL ではどのくらいの点数がとれるのか、最終確認をしておこう。

●計算方法

(1) まず Part A、B、C それぞれの正解数を合計する。

(2) 下のスコア換算表を見て、正解数から換算値（最小値と最大値）を出す。

(3) 最小値および最大値にそれぞれ 10 を掛ける。これによって得られた大小ふたつの数字の間に、あなたのスコアが入ることになる。

【計算例】正解数 40 の場合
・最小値　53 × 10 = 530
・最大値　55 × 10 = 550
・予想得点は［530 ～ 550］となる

(4) この方法によって得られた数字は、あくまでもリスニング・セクションの実力をもとに割り出した予想スコアである。他のセクションの出来いかんで TOEFL の最終得点が上下することはいうまでもない。

●スコア換算表

正答数	換算値
48～50	63～68
45～47	59～62
42～44	55～58
39～41	53～55
36～38	51～52
33～35	50～51
30～32	49～50
27～29	48～49
24～26	46～47
21～23	44～45
18～20	41～43
15～17	39～41
12～14	36～38
9～11	33～35
6～8	30～32
3～5	28～29
0～2	25～27

●あなたの予想スコア

正解数	予想スコア
	～

▶ 指示文の対訳・スクリプトと訳はp. 34にあります。

Q 1　正解 (B)　🔊 MP3 **178**

スクリプト・訳

M: This shirt doesn't fit. I'd like to exchange it.

W: Sorry, but all sales are final.

Q: What does the woman mean?

男性：このシャツ、サイズが合わないので交換したいのですが。

女性：申し訳ございませんが、全品、返品・交換はお受けしておりません。

設問：女性は何をいいたいのですか。

　(A) 男性は領収書を見せなければならない。

　(B) 男性は別のシャツを入手できない。

　(C) 閉店しようとしている。

　(D) 店はシャツの販売をやめている。

解説　男性のことばに対して女性は、「申し訳ございませんが、全品、返品・交換はお受けしておりません(all sales are final)」と答えている。女性は、取り替えられないといっている。正解は(B)。

Q 2　正解 (C)　🔊 MP3 **179**

スクリプト・訳

M: Why do we have to have the same dish again tonight?

W: I thought you liked spaghetti.

Q: What does the man mean?

男性：どうして今夜も同じ料理を食べなきゃならないんだい？

女性：あなたはスパゲティが好きなんだと思ってたわ。

設問：男性は何をいいたいのですか。

　(A) 彼はその料理が好きではない。

　(B) 彼はまたスパゲティを食べたい。

　(C) 彼は同じ料理をもう一度食べたくない。

　(D) 彼はなぜ自分たちがイタリア料理店へ行こうとしているのか尋ねている。

解説 男性は「今夜も同じ料理なの?」と愚痴をこぼしている。彼は毎晩のようにスパゲティを食べたくはないのだ。

Q3　正解 (D)　🔊 MP3 180

スクリプト・訳

M: Could you show me your ID card?
W: Excuse me?
Q: What does the woman want the man to do?
男性:身分証明書を見せていただけますか。
女性:なんておっしゃいましたか。
設問:女性は男性に何をしてほしいのですか。

(A) 彼女の身分証明書を見る。
(B) 彼女に芝居のチケットを見せる。
(C) 彼女の遅刻を許す。
(D) 同じことを再度いう。

解説 Excuse me?(↗)とイントネーションが上がっていることに注意してほしい。別に謝っているわけではない。「身分証明書(ID card)を見せていただけますか」といったのが聞き取れなかったのである。この Excuse me? は「今なんておっしゃいましたか?(もう一度いってください)」の意。Sorry? (↗)、Pardon me? (↗)も同じような意味を表す。この問題を解いて気づいたことはないか。はじめの問題解説(Directions)の例文の中に同じ Excuse me? が使われていたことに気づく余裕があっただろうか。

Q4　正解 (B)　🔊 MP3 181

スクリプト・訳

M: Can you remember when we first met?
W: Three months ago today. Time sure flies, doesn't it?
Q: What do we learn from this conversation?
男性:初めて会ったのがいつか覚えてる?
女性:3カ月前の今日よ。時間がたつのって本当に早いわね。
設問:この会話から何がわかりますか。

(A) 彼らは少なくとも3カ月間一緒にいようと計画している。
(B) 彼らが知り合って3カ月たつ。

(C) 彼らは初めて出会った場所をよく覚えている。

(D) 彼らは国際線の機内で出会った。

解説 ふたりの会話から (B)「彼らが知り合って3カ月たつ」ことがわかる。Time sure flies は「あっという間に時が過ぎてしまう」の意。

Q5 正解 **(A)** 🔊 MP3 **182**

スクリプト・訳

M: We won't be able to go to the concert unless we find a babysitter.

W: I've called everyone I know and no one is available.

Q: What can be concluded from this conversation?

男性：ベビーシッターが見つからないとコンサートに行けないよ。

女性：知り合い全員に電話したけど、誰も引き受けてくれないのよ。

設問：この会話からどんな結論が考えられますか。

(A) 夫婦は外出しないだろう。

(B) 彼らは今夜コンサートに行く予定だ。

(C) 彼らはコンサートがどこで行われるか知らない。

(D) 彼らはコンサートに遅れるだろう。

解説 ふたりの会話からわかる結論は？　(A)「夫婦は外出しないだろう」である。

Q6 正解 **(D)** 🔊 MP3 **183**

スクリプト・訳

W: Did you take Dr. Johnson's philosophy class?

M: Yes, and I just managed to get a passing grade.

Q: What does the man mean?

女性：ジョンソン先生の哲学の授業を取った？

男性：うん、それでようやく合格点をもらったところだよ。

設問：男性は何をいいたいのですか。

(A) 彼は高得点を取った。

(B) 彼は講座を修了できなかった。

(C) 彼は途中で受講をやめなければならなかった。

(D) 彼はかろうじて講座を修了できた。

解説 第2話者のことばが問題を解くカギを握っている。「ようやく合格点をもらった (just managed to get a passing grade)」のである。(D)「かろうじて講座を

修了できた(barely passed the course)」が同じ意味になる。

Q7 正解 (D) 🔊 MP3 184

スクリプト・訳

W: I hope Jim gets here within the next five minutes. The movie is about to start.

M: Do you think we should give the seat we saved for him to someone else?

Q: What are the man and woman doing?

女性：5分以内にジムがここにくるといいけど。映画がはじまっちゃうわ。

男性：彼に取っておいた席を誰かに譲った方がいいかな？

設問：男性と女性は何をしていますか。

　(A) 彼らはジムと一緒に映画を見ている。
　(B) 彼らはジムの映画のチケットを手放そうとしている。
　(C) 彼らはジムが遅れるかどうかでいい争っている。
　(D) 彼らはジムが映画館に現れるのを待っている。

解説 「行動を問う」問題である。ふたりの会話からわかるように、ふたりはジムが映画館にやってくる(show up)のを待っているのだ。

Q8 正解 (B) 🔊 MP3 185

スクリプト・訳

M: I think it's about time to have your oil changed, ma'am.

W: You needn't bother because my husband usually does that.

Q: What does the woman mean?

男性：オイルを交換する時期ですよ、お客さん。

女性：いいのよ、そういうことはいつも夫がやってくれるから。

設問：女性は何をいいたいのですか。

　(A) 何をするにも遅すぎる。
　(B) 彼女の夫がオイルを交換するだろう。
　(C) 彼女は男性に邪魔をしないでほしいと思っている。
　(D) 彼女の夫は車の手入れをする時間がない。

解説 「オイルを交換する時期ですよ」と男性。「いいのよ。いつも夫がやってくれるから」と女性。彼女の夫がオイル交換をするので、正解は(B)。

Q9 　正解 （A）　 🔊 MP3 186

スクリプト・訳

M: Did you finish reading that novel yet?

W: Almost, but with all the noise I couldn't concentrate on the final chapter.

Q: Why couldn't the woman finish the novel?

男性：あの小説、もう読み終わったかい？

女性：ほとんどね。でも、うるさくて最終章に集中できなかったわ。

設問：なぜ女性は小説を読み終えることができなかったのですか。

  (A) 彼女は気が散った。

  (B) 彼女にはやるべきことが多すぎた。

  (C) その小説は長すぎた。

  (D) 最終章は未完だった。

解説　読書に集中できない理由は何か。with all the noise（うるさくて）といっている。騒音で気が散って（distracted）集中できなかったのだ。

Q10 　正解 （C）　 🔊 MP3 187

スクリプト・訳

M: What's the holdup?

W: The man in front is opening a savings account.

Q: What are the man and woman doing?

男性：何に手間取ってるのかな？

女性：前の人が預金口座を開設しているのよ。

設問：男性と女性は何をしていますか。

  (A) 新しい口座を開いている。

  (B) 犯罪を実行している。

  (C) 銀行で列に並んで待っている。

  (D) スーパーマーケットで食料品を買っている。

解説　話者の行動が聞き取りのポイント。ふたりは何をしているのか。銀行で並んで待っているのだ。holdup（停滞）には「強盗」の意味もあるが、そこから連想して (B)「犯罪を実行している（Committing a crime.）」を選んではいけない。

Q11 　正解 （**B**）　🔊 MP3 **188**

スクリプト・訳

M: Did you like that picture I gave you?
W: Like it? I had it framed and put it on my desk.
Q: What does the woman mean?
男性：僕があげた写真、気に入ったかい？
女性：気に入ったかって？　額に入れて机の上に置いてあるわ。
設問：女性は何をいいたいのですか。

　(A) 彼女はその写真のようなものを見たことがない。
　(B) 彼女は写真をとても気に入っている。
　(C) 彼女は机を部屋の反対側に移動した。
　(D) 彼女はその写真のために新しい額が必要だ。

■解説■ 男性の発言に対して女性は、「気に入ったかって？　額に入れて（I had it framed）、机の上に置いてあるわ」といっている。彼女はその写真がとても気に入っているのである。

Q12 　正解 （**A**）　🔊 MP3 **189**

スクリプト・訳

M: Have you heard about Pete? He finally tied the knot!
W: You've got to be kidding! He swore he'd stay a bachelor.
Q: What does the woman mean?
男性：ピートのこと聞いた？　彼、ついに結婚したんだよ！
女性：冗談でしょ！　ずっと独身でいるっていってたのに。
設問：女性は何をいいたいのですか。

　(A) 彼女はピートが結婚して驚いている。
　(B) 彼女はピートのことを聞いて気の毒に思っている。
　(C) 彼女はピートがいつも冗談をいっていると思っている。
　(D) 彼女はピートがとても忙しいことを知っている。

■解説■ tie the knot（結婚する）。この表現がわからなくても、You've got to be kidding!（冗談でしょ！）から、女性が驚いていることがわかる。stay a bachelor は「独身のままでいる」の意。

Q 13　正解 (C)　🔊 MP3 **190**

スクリプト・訳

W: May I help you, sir?

M: Yes. I'd like a box of nails, a package of masking tape, and a tape measure, please.

Q: What does the man want?

女性：何かお探しですか、お客さま？

男性：ええ。釘をひと箱とマスキングテープをひとパック、それに巻き尺をお願いします。

設問：男性は何を求めていますか。

　(A) 物品を梱包するための箱。
　(B) 音楽テープ。
　(C) 工具店で取り扱われている品物。
　(D) 文房具。

解説　男性が必要としているのは「釘（nails）、マスキングテープ（masking tape）、巻き尺（tape measure）」である。正解は (C)「工具店（hardware store）で取り扱われている品物」となる。

Q 14　正解 (D)　🔊 MP3 **191**

スクリプト・訳

W: What are you doing with that awful tie on?

M: It was the only clean one I had left.

Q: What does the woman say about the tie?

女性：何やってるの、そんな変なネクタイを締めて？

男性：きれいなのがこれしか残ってなかったんだよ。

設問：女性はネクタイについて何といっていますか。

　(A) ネクタイは素敵である。
　(B) 男性はネクタイの趣味がいい。
　(C) ネクタイは男性の上着によく合っている。
　(D) 彼女は男性のネクタイが好きではない。

解説　女性のことばから、そのネクタイを気に入っていないことがわかる。have good taste in ties は「ネクタイの趣味がいい」の意。

Q15　正解（C）　🔊 MP3 192

スクリプト・訳

M: Did Barbara complete the research for her thesis yet?

W: She did, but I don't think her heart was really in it.

Q: What does the woman mean?

男性：バーバラは論文のための調査をもう終わらせたの？

女性：終わったわよ、でも、あまり熱心にやってなかったと思うわ。

設問：女性は何をいいたいのですか。

  (A) バーバラはまだトピックを決めていない。
  (B) バーバラの調査は終わりそうもない。
  (C) バーバラは自分の調査にあまり興味がなかった。
  (D) バーバラは心臓病について調査した。

解説　女性は「あまり熱が入っていなかったみたい（I don't think her heart was really in it.）」といっている。リサーチに興味がなかったと思っているのである。

Q16　正解（B）　🔊 MP3 193

スクリプト・訳

W: Take a look at this ad in the paper. There's a sale at the mall on men's clothing.

M: Oh, I saw it, but I'd rather just watch TV today than fight the Sunday crowds.

Q: What does the man imply?

女性：この新聞広告を見て。ショッピングモールで紳士服のセールをやってるわ。

男性：ああ、見たよ、でも、今日はテレビを見る方が日曜日の混雑の中で奮闘するよりいいよ。

設問：男性は何をいおうとしていますか。

  (A) 今日はこの後、雨が降りそうだ。
  (B) 彼は買い物に行きたくない。
  (C) テレビで面白い番組がやっていない。
  (D) 彼は今朝、新聞を読まなかった。

解説　新聞に載っていた紳士服の広告についてふたりは話している。「日曜の人込みの中で奮闘するより、テレビを見る方がいい」と男性は答えている。彼は出かけたくないのである。the mall とは「ショッピングモール」のこと。

Q 17   正解 (A)   🔊 MP3 194

スクリプト・訳

M: There doesn't seem to be any point in driving to the beach.

W: No, not with the clouds looking like that.

Q: What does the woman mean?

男性：車でビーチへ行く意味があるようには思えないな。

女性：そうね、こんな曇り空じゃあね。

設問：女性は何をいいたいのですか。

  (A) 天気が悪そうだ。

  (B) 雲が美しい。

  (C) 道路があまりにも混雑している。

  (D) ビーチには人が多すぎる。

解説 男性も女性も天気が悪いからビーチに行ってもしようがないと思っている。cloudsをcrowdsと勘違いして、(D) を選んではいけない。

Q 18   正解 (D)   🔊 MP3 195

スクリプト・訳

M: Do you think you could turn down your stereo a little bit? I can hear it all the way downstairs.

W: Oh, were you trying to study?

Q: What can be inferred from this conversation?

男性：ステレオのボリュームを少し下げてもらえるかな？　下の階でも聞こえるよ。

女性：あら、勉強しようとしていたの？

設問：この会話から何が推測できますか。

  (A) 女性はステレオを階下へ運んだ。

  (B) 男性は勉強をほぼ終えた。

  (C) 男性は女性のステレオを借りたい。

  (D) 女性の音楽が男性の迷惑になっていた。

解説 この会話から推測できることは？　男性は「ステレオのボリュームを少し下げてほしい。下にいても聞こえる」といっている。ステレオの音が彼の邪魔になっていたのである。

Q 19　正解　(C)　🔊 MP3 196

スクリプト・訳

W: Where did you go? I've been looking all over for you.

M: I stopped off at the snack bar to grab a bite with a couple of my friends.

Q: What does the man mean?

女性：どこに行ってたの？　あちこち探したのよ。

男性：友だち2、3人と軽食の店に立ち寄って、軽く食べてきたんだ。

設問：男性は何をいいたいのですか。

　(A) 彼と友だちはパブへ飲みに行った。
　(B) 彼は友だちの家に行った。
　(C) 彼はすでに何か食べている。
　(D) 彼も女性を探していた。

解説　ポイントは男性のgrab a bite（軽く食べる）という表現。ふたりの会話から、(C) が正解とわかる。snack bar は「軽食堂」のことで、いわゆる酒場ではない。

Q 20　正解　(C)　🔊 MP3 197

スクリプト・訳

M: That bookstore is open until 9:00 every night, isn't it?

W: Not anymore it isn't. They've really reduced their hours.

Q: What does the woman say about the bookstore?

男性：あの書店は毎晩9時まで開いてるよね？

女性：もう9時までは開いてないわ。営業時間をかなり短縮したのよ。

設問：女性は書店について何といっていますか。

　(A) 廃業した。
　(B) 毎晩9時まで開いている。
　(C) 今は前よりも早く閉店する。
　(D) 新しい場所に移転した。

解説　話題は書店の営業時間についてである。女性は「もう9時までは開いてない。営業時間をかなり短縮した（reduced their hours）」といっている。その書店は以前より早く閉まるのである。

Q 21　正解　(D)　🔊 MP3 198

W: How about a game of bridge? We need a fourth and I heard you're a good player.

M: We both have a major project due tomorrow and you want to play cards?

Q: What does the man imply?

女性：ブリッジを1ゲームしない？　4人目が必要で、あなたが上手だって聞いたんだけど。

男性：僕たち、ふたりとも明日が締め切りの大きな課題を抱えてるっていうのに、トランプをしたいの？

設問：男性は何をほのめかしていますか。

　(A) 彼らはトランプを持っていない。
　(B) 彼らはすでに十分な人数のプレーヤーを確保している。
　(C) 彼らは明日、課題に取り組めばいい。
　(D) 彼らにトランプをする時間はない。

　解説　ブリッジの誘いに対して男性は「明日が締め切りの大きな課題がある(have a major project due tomorrow)」と答えている。トランプなどやっている時間はないのだ。a fourth とは「4人目、(3人いてさらに)もうひとり」の意味。

Q 22　正解　(A)　🔊 MP3 199

W: I don't feel much like cooking tonight. Do you want to go out?

M: Why don't we just order pizza?

Q: What will the man and woman probably do?

女性：今夜はあまり料理をつくる気分じゃないの。外食しない？

男性：ピザを頼んだらどうかな。

設問：男性と女性は何をすると考えられますか。

　(A) 食べ物を配達してもらう。
　(B) 家でピザをつくる。
　(C) 外食する。
　(D) 買い物に行く。

　解説　ふたりは何をすることになるのか。「外食しない？」と女性。「ピザを頼んだらどうかな」と男性。ピザを配達してもらって(Have food delivered.)家で食べる

ことになると推測できる。

Q 23　正解　(A)　🔊 MP3 200

スクリプト・訳

W: What a gorgeous day for a swim!

M: Sure is! The sea is as smooth as glass today.

Q: What does the man mean?

女性：泳ぐには最高の日だわ！

男性：本当にそうだね！　今日は海面がガラスのように滑らかだよ。

設問：男性は何をいいたいのですか。

　(A) 海がとても穏やかだ。

　(B) 水泳教室はとてもよい。

　(C) 彼は眼鏡がないとよく見えない。

　(D) 彼は水を1杯飲みたい。

　解説　男性のことばに注意。この意味になるのは (A) The water is very calm. である。

Q 24　正解　(D)　🔊 MP3 201

スクリプト・訳

M: Well, Pam, tomorrow's your birthday. Have I got something in store for you!

W: I can hardly wait.

Q: What does the woman mean?

男性：ねえ、パム、明日は君の誕生日だよね。プレゼントを用意してあるんだ！

女性：待ち切れないわ。

設問：女性は何をいいたいのですか。

　(A) 彼女は男性と買い物に行きたい。

　(B) 彼女は年を取ることについて考えたくない。

　(C) 彼女は男性からのプレゼントを期待していない。

　(D) 彼女は誕生日を楽しみにしている。

　解説　Have I got ～ は、相手にとって心躍るような何か望ましいものを提示するときに口にする決まり文句。in store は「用意されている」。女性のことば I can hardly wait. から、彼女が誕生日を楽しみにしている (is looking forward to her birthday) ことがわかる。

Q 25 正解 (B) 🔊 MP3 202

スクリプト・訳

W: I'm thinking about taking up the clarinet again.

M: That'll certainly make your mother happy.

Q: What does the man imply about the woman's mother?

女性：クラリネットをまた練習しようかと思ってるの。

男性：それはきっと、君のお母さんが喜ぶだろうな。

設問：男性は女性の母親について何をいおうとしていますか。

  (A) 彼女はプロのクラリネット奏者である。

  (B) 彼女は女性の決意を喜ぶだろう。

  (C) 彼女は最近、ひどく落ち込んでいる。

  (D) 彼女も趣味でクラリネットを吹いている。

解説 女性の発言に対する男性の返事は「きっと、君のお母さんが喜ぶだろうな」である。正解は (B) である。

Q 26 正解 (A) 🔊 MP3 203

スクリプト・訳

W: This room sure is a lot more pleasant to work in since they put in the air-conditioning last week.

M: You said it!

Q: What does the man mean?

女性：この部屋、ずいぶん快適に仕事ができるようになったわ。先週エアコンを設置してもらったからね。

男性：本当にね！

設問：男性は何をいいたいのですか。

  (A) 彼は女性に同意している。

  (B) 彼はエアコンが好きではない。

  (C) 彼は女性の話を聞いていなかった。

  (D) 彼は女性と働くのが好きだ。

解説 オフィスにエアコンが入ったことを女性は喜んでいる。男性のいった You said it. の意味は「君のいうとおりだよ」である。男性も女性と同じように喜んでいるのである。

Q 27　正解 (B)　🔊 MP3 204

スクリプト・訳

W: You're moving again? You sure don't stay in one place for long, do you?

M: It's not my choice. My wife got a job in Seattle.

Q: What can be inferred from this conversation?

女性：また引っ越すの？　本当に1カ所に長く住まないのね。

男性：僕の希望じゃないんだ。妻がシアトルに仕事を見つけたんだよ。

設問：この会話から何が推測できますか。

(A) 男性はシアトルに住むことを楽しみにしている。

(B) 男性はよく住居を替える。

(C) 男性は妻と離れて暮らさなければならない。

(D) 男性は同じ町の新しいアパートへ引っ越そうとしている。

解説　出だしの「また引っ越すの？」から、彼がよく引っ越すことが推測できる。

Q 28　正解 (D)　🔊 MP3 205

スクリプト・訳

M: Would you like to go with me to the concert Friday evening?

W: You really were able to get tickets?

Q: What had the woman assumed?

男性：金曜日の夜、コンサートに行かない？

女性：本当にチケットが取れたの？

設問：女性はどのように考えていましたか。

(A) 男性は他の誰かと行くつもりだろう。

(B) コンサートは中止される予定だった。

(C) 男性はコンサートのチケットをなくしてしまった。

(D) 彼らはコンサートに行けないだろう。

解説　コンサートへの誘いに対して女性は「本当にチケットが取れたの？」といっている。おそらく彼女は、チケットが入手困難なためコンサートへは行けない、と思っていたのである。

Q 29　正解（**C**）　🔊 MP3 **206**

スクリプト・訳

M: Emily said she's taking me to a nice French restaurant tonight.

W: And you're planning to go like that?

Q: What does the woman imply?

男性：エミリーが、今夜すてきなフランス料理店に連れてってくれるんだって。

女性：そんな格好で行くつもりなの？

設問：女性は何をほのめかしていますか。

  (A) そのレストランは値段が高すぎる。

  (B) 男性は車を運転するつもりになった方がいい。

  (C) 男性は服を着替えた方がいい。

  (D) 彼女は男性にエミリーと出かけてほしくない。

解説　女性のことばに注目。「(フランス料理店に) そんな格好で行くつもりなの？ (go like that)」と皮肉たっぷりにいっている。彼女は、男性は着替えるべきだ、と思っているのである。

Q 30　正解（**B**）　🔊 MP3 **207**

スクリプト・訳

M: Has Jerry been working hard on his assignment?

W: Day in and day out.

Q: What does the woman mean?

男性：ジェリーはずっと頑張って課題に取り組んでるの？

女性：明けても暮れてもね。

設問：女性は何をいいたいのですか。

  (A) ジェリーはときどき課題に取り組んでいる。

  (B) ジェリーはとても勤勉だ。

  (C) ジェリーは今日中に終わらせた方がいい。

  (D) ジェリーは1日おきにやってくるだけだ。

解説　男性のことばに対して「明けても暮れてもね (Day in and day out.)」と女性。彼女は、ジェリーのことを勤勉だと思っているのである。

| 解答と解説 | **Listening Comprehension (Part B)** |

▶ 指示文の対訳・スクリプトと訳はp. 50にあります。

Q *31-34* 🔊)) MP3 **209**

スクリプト・訳

N: Listen to the following conversation between two students about university politics.

W: How are you doing, Jack?

M: Oh, hi, Sherry. Well, I can't complain.

W: Say, did you hear that the trustees finally named a new president for the university?

M: Really? After all this time? Who did they decide on?

W: Some professor in the economics department.

M: Hm. Maybe they thought that someone in economics would be better equipped to handle the school's financial crisis.

W: Yeah, but the only solution the guy has to the money shortage is to raise our tuition. It probably never occurred to him to cut faculty salaries.

M: You mean we're going to have to pay even more to go to school here?

W: That's what it looks like.

M: Tell me there's a bright side to this.

W: Well, I heard that at least he's a nice guy. And that he promised one of the first things he does as president will be to create a seat in the University Senate specifically for students.

M: Hey, that means we'll have representation.

W: That's right. And we'll have a chance to officially oppose any proposals that we think are unfair or impractical.

M: And who do you think we should get to fill that position?

W: As a matter fact, that's the second reason I wanted to talk to you. I'm wondering if you might consider running.

ナレーター：次の、大学の力関係に関するふたりの学生の会話を聞きなさい。

女性：元気、ジャック？

男性：やあ、シェリー。そうだな、まあまあだね。

女性：ねえ、理事会がとうとう大学の新学長を任命したって聞いた？

男性：本当？　ようやく？　誰に決めたの？

女性：経済学部の、ある教授。

男性：へえ。経済学に明るい人の方が、学校の財政難をうまく処理する能力があると考えたのかもしれないね。

女性：そうね、でも、資金不足に対してその人が取る唯一の解決策は、私たちの学費を上げることよ。教職員の給料を減らすなんて、たぶん彼は一度も考えたことがないわ。

男性：この学校に通うために、僕らはもっと払わなければならなくなるってこと？

女性：そのようね。

男性：この件について、いい話はないのかな。

女性：そうね、少なくともその先生はいい人だっていう話よ。それと、彼が学長になって手がける最初の仕事のひとつとして約束したのが、大学評議会に特に学生のための議席を設けることだって。

男性：じゃあ、つまりは僕らの代表を出せるようになるんだ。

女性：そのとおり。だから、どんな提案でも、不当に感じたり実現性が低いと思えば、公に反対する機会を持てるようになるわね。

男性：じゃあ、誰がその立場に就けばいいと思う？

女性：実をいうと、そのこともあってあなたと話したかったの。あなたが立候補を考えてくれないかと思っているのよ。

Q31　正解　(A)　🔊 MP3 210

Q: What is this conversation mainly about?

設問：この会話は主に何についてのものですか。

  (A) 新しい大学学長。
  (B) 学生自治会の問題。
  (C) 理事会が犯した間違い。
  (D) いくつかの講座の中止。

解説　あいさつを交わした後で、女性がa new presidentのことを話題に挙げている。その後、彼に関して話が展開することになる。答えは(A)である。

Q32　正解　(C)　🔊 MP3 211

Q: What are the speakers especially worried about?

設問：話者たちは特に何を心配していますか。

(A) 教職員の給料を減額する計画。
(B) 学生の代表を交代させる決議。
(C) 学費を値上げする提案。
(D) 学生への財政援助を減らす提案。

解説 話の中ほどで、女性がYeah, but the only solution the guy has〜to raise our tuition. と意見を述べている。学費を上げる（raise school fees）のではないか、と心配しているのである。

Q33　正解（C）　◁») MP3 212

Q: According to the woman, what positive change will the new president propose?
設問：女性によると、新しい学長はどのような前向きの変化を打ち出しますか。

(A) 教職員組合の廃止。
(B) 大学学部長の解雇。
(C) 学生代表のための議席の設置。
(D) スポーツ予算の削減。

解説 女性はWell, I heard that〜specifically for students. といって、新しい学長が大学評議会に学生の席を設ける（create a seat）と約束したことに対して期待しているようすである。

Q34　正解（D）　◁») MP3 213

Q: What does the woman suggest the man do?
設問：女性は男性に何をするように持ちかけていますか。

(A) 新しい学長と話す。
(B) 転校する。
(C) 彼が選んだ専攻科目を再評価する。
(D) 代表に立候補する。

解説 会話の終わりを聞けば答えがわかる。I'm wondering if you might consider running. といって、彼女は彼に立候補するようにすすめているのである。

Q 35-38 🔊 MP3 214

スクリプト・訳

N: Listen to the following conversation between a student and a professor.

W: Good morning, Professor Chong. Would this be a good time to talk to you?

M: Sure. Come on in, Laurie. Please have a seat. What's on your mind?

W: Well, I'm sorry to bother you about this but I'm having a terrible time deciding on a topic for my term paper.

M: OK, that's a pretty common problem － education is a big subject and in an introductory course like this it's sometimes hard to focus. What are you considering?

W: I'm really interested in how good teachers use positive reinforcement － or reward － rather than punishment. But I don't know how to get started.

M: Well, first of all, as a researcher, you shouldn't assume one is better than the other － at least without some initial footwork. Fine teachers may in fact use both reward and punishment － you need to read some of the literature on this topic before making up your mind.

W: OK, but how do I begin?

M: The most important database in education is called ERIC. ERIC has literally hundreds of thousands of documents, mainly articles, on file. I suggest using the key words "punishment," "positive reinforcement," and "reward." Key them into ERIC and see what you find.

W: Where do I get access to this database?

M: Many of the terminals in our library are online, so you just need to go to the library, plug into the ERIC database, and begin searching for references. At the moment, your problem is not enough information, but once you tap into ERIC you'll have too much information.

W: What should I do then?

M: Then you'll need to narrow your search to a more specific topic.

W: Wow. That's pretty amazing. All that information at one's fingertips.

M: Is there anything else I can help you with?

W: No. I guess I'd better go get started. Thanks a lot for your advice.

ナレーター：次の、学生と教授の会話を聞きなさい。

女性：おはようございます、鄭教授。お話ししたいことがあるのですが、今よろしいでしょうか。

男性：もちろん。お入りなさい、ローリー。さあ、座って。どうしたんですか。

女性：あの、こんなことでお邪魔して申し訳ないのですが、期末リポートのトピックが決まらず困っていまして。

男性：ああ、よくあることです。教育は大きなテーマですし、このような入門講座では、時に焦点を絞りにくいものですから。どんなことを考えていますか。

女性：とても興味を持っているのが、優れた教師はどのように陽性強化を、つまり処罰ではなく褒めるという手段を活用するのかということです。でも、どうはじめたらいいのかわからないんです。

男性：そうですね、まず、研究者であるなら、一方が他方をしのいでいると仮定すべきではありませんね。少なくとも、なんの調査にも手を付けていないうちはね。よい教師が、実は褒めることと罰することの両方を駆使するかもしれません。このトピックについての文献を少し読んでから決めるべきですね。

女性：わかりました、でも、どうやってはじめたらいいのでしょうか。

男性：最も重視されている教育関連のデータベースは ERIC と呼ばれるものです。ERIC には、文字どおり何十万件もの文献が論文を中心に格納されています。キーワードとして「処罰」「陽性強化」「褒めること」を使うといいでしょう。これらを ERIC に入力して、何が見つかるか確かめてください。

女性：どこでこのデータベースを利用できるのでしょうか。

男性：ここの図書館にある端末の多くがオンライン化されていますから、図書館へ行って ERIC データベースに接続し、参考文献を探せばいいのです。目下の君の問題は情報不足ですが、ひとたび ERIC に接続すると情報過多になります。

女性：その場合、どうすればいいのでしょうか。

男性：そのときには、もっとトピックを限定して検索を絞り込む必要があります。

女性：へえ。それはすごいですね。それほど多くの情報がすぐ手に入るなんて。

男性：他に何か手伝えそうなことはありますか。

女性：いいえ。早速はじめようと思います。助言をどうもありがとうございました。

Q35　正解　(**A**)　◀》 MP3 **215**

Q: Why did the woman visit the professor's office?

設問：なぜ女性は教授の研究室を訪れたのですか。

(A) リポートの執筆についてアドバイスをもらうために。

(B) 彼の講座を取れるか確認するために。

(C) 彼の最近の講義について話すために。

(D) コンピューターセンターの利用許可をもらうために。

　解説　あいさつをした後で、彼女は I'm having a terrible time〜といって、リポートのトピックを決めるのに苦労していることを教授に伝えている。

Q 36 正解 （D） 🔊 MP3 216

Q: What field is the woman studying?
設問：女性が専攻しているのはどのような分野ですか。

(A) 臨床心理学。
(B) 文章作成。
(C) コンピューター科学。
(D) 教育学。

解説 彼女の専攻分野は何か。education、teachers、reward（褒めること）、punishment（罰）などから、容易に専攻分野がわかるはずである。

Q 37 正解 （B） 🔊 MP3 217

Q: According to the professor, where can the woman use the ERIC database?
設問：教授によれば、女性はどこでERICデータベースを使うことができますか。

(A) 学部事務局で。
(B) 図書館で。
(C) 学生会館で。
(D) コンピューターセンターで。

解説 女性の質問Where do I get access to this database?に対して、教授は「図書館に行きなさい」と答えている。

Q 38 正解 （B） 🔊 MP3 218

Q: According to the professor, what problem may the woman have when she begins using the ERIC database?
設問：教授によれば、女性はERICデータベースを使いはじめると、どのような問題を抱える可能性がありますか。

(A) 端末へのアクセス制限。
(B) 情報過多。
(C) 時間不足。
(D) 情報源の不足。

解説 but once you tap into ERIC you'll have too much information、つまり、情報の多さにとまどうことになる、と教授は思っているのである。

● 指示文の対訳・スクリプトと訳はp. 58にあります。

Q 39-42　🔊 MP3 **220**

スクリプト・訳

N: Listen to the following talk about traditional baskets.

Welcome to the Plymouth County Historical Museum. This month we have a special exhibit of traditional baskets. You know, there was a time when few folks gave old baskets a second glance. Even antique dealers thought of them as valuable only for carrying stuff away from an antique sale. But today, these simple, useful containers are prime collectibles and widely sought by many people. Old baskets have been fashioned from all kinds of plant fibers — rye straw, grasses, vines, and wicker, to name just a few. But the majority of handmade baskets were made of splint — long strips of wood, usually oak, hickory, or ash. Back when wandering basket makers sold their wares door-to-door, the going rate for a basket was next to nothing. If you're buying one of these traditional baskets now, though, you won't find it cheap. A couple of tips to remember if you want to make a purchase: buy from a reputable dealer and choose ones that are in near-perfect condition.

ナレーター：次の伝統的な籠に関する話を聞きなさい。

　プリマス郡歴史博物館へようこそいらっしゃいました。今月は伝統的な籠の特別展示を行っています。ご存じのように、ひところは、古ぼけた籠に目を向ける人など、ほとんどいませんでした。古美術商でさえ、籠が役立つのはせいぜい骨董品市の会場から品物を運び出すときくらいだ、と思っていたのです。ところが、今ではこうした素朴で便利な入れ物が重要な収集品となっており、大勢の人々に幅広く求められています。昔から籠は、あらゆる種類の植物繊維を用いてつくられてきました。ライ麦のわら・草・つる・小枝などは、ほんの数例です。しかし、手編みの籠の大半は、長く割いた細木でつくられており、たいていはカシやヒッコリー、トネリコが材料でした。籠職人が自分たちの商品を一軒ごとに行商していた時代、籠1個の値段はただ同然でした。ところが、もしもいま、こうした伝統的な籠を買い求めようとしたら、安値が提示されることなどないでしょう。それでも買い求めたいという方のために、2点ほど助言がありますので、ご記憶ください：信頼できる販売業

者から買うこと、そして完全な状態に近い物を選ぶことです。

Q 39　正解 （B）　🔊 MP3 221

Q: Which audience is the man probably addressing?
設問：男性はどのような人たちへ向けて話をしていると考えられますか。

(A) 買い物客。
(B) 観光客。
(C) 考古学者。
(D) 乗客。

■ 解説 ■ 出だしからわかるように場所は博物館である。説明の終わりの方では籠を買う際の注意もしている。このことから、観光客と考えるのが妥当である。

Q 40　正解 （A）　🔊 MP3 222

Q: How are the old baskets now regarded?
設問：古い籠は現在どのように見なされていますか。

(A) 収集品として価値がある。
(B) 物を運ぶのに役立つ。
(C) 過去の工芸品として情報価値がある。
(D) 文化的な観点で興味深い。

■ 解説 ■ かつては物を運ぶ入れ物としての価値しかなかったが、今では重要な収集品（prime collectibles）と見なされている。

Q 41　正解 （C）　🔊 MP3 223

Q: Which of the following are the listeners advised to do when buying a basket?
設問：話の聞き手は、籠を買うときに次のうちのどれをするように助言を受けていますか。

(A) 籠が何に使えそうかをよく考える。
(B) 最上の材料だけでつくられた物を選ぶ。
(C) できるだけ最高の状態の籠を選ぶ。
(D) ミニチュアか形の変わった籠を買う。

解説 話の終わりのところで、choose ones that are in near-perfect conditionとアドバイスをしている。正解は(C)である。

Q42 正解 **(B)** 🔊 MP3 224

Q: What will probably happen after the talk?
設問：この話の後で、どうなると考えられますか。

(A) さまざまな籠が売り出される。
(B) 話の聞き手がいくつかの籠を間近で見られる。
(C) 籠の製作者が製織技術を披露する。
(D) 話の聞き手が2階へ上がる。

解説 籠の説明および購入の際のアドバイスを聞いた後である。実際に籠をじっくり見ることができる、と考えるのが自然である。

Q43-46 🔊 MP3 225

スクリプト・訳

N: Listen to the following talk given in a linguistics class.

It's in the nature of language that words change their meaning over time. There are many such examples in English. For instance, take the word "label." When we look at its etymology, or the history of a word, we discover it came from Old French and referred to a ribbon or fringe on clothes. A label today is still something that is "attached," but generally it's something containing written information that you'd find on a package or an item of clothing.

While "label" has a connection to its original meaning, many words have now come to mean almost their opposites. One example is the word "nice," with its "not so nice" history. In Old French, the word – spelled exactly the same way – meant "foolish." At first, the English "nice" also meant "foolish or stupid," but then that evolved into "fussy." Later, the word ("nice") evolved again to its current meaning of "pleasing or pleasant." What will the word mean in the future? Only time will tell.

ナレーター：次の言語学の授業での話を聞きなさい。

　言語というものの性質上、単語は時を経てその意味を変えるものです。英語にもそうした例が数多くあります。たとえば、「ラベル」という語を取り上げてみましょう。その語源、つまり単語の歴史をひもといてみると、古フランス語に起源があり、

衣服に付けるリボンや房飾りを指していたことがわかります。今日のラベルも何かに「付ける」ものではありますが、通例、なんらかの文字情報を伴っており、それが梱包や衣類に貼り付けられています。

　「ラベル」はもともとの意味とのつながりを残していますが、今ではほぼ逆の意味を表すようになっている語が数多くあります。一例として、「ナイス」という語の「あまりナイスではない」歴史が挙げられます。古フランス語において、この語は今と全く同様につづられ、「愚かな」という意味を表していました。当初、英語の「ナイス」も「愚かな、ばかな」の意味でしたが、やがて「小うるさい」という意味に転化しました。その後、この単語は再度意味を変え、「気持ちのよい、楽しい」という現在の意味になりました。この先、この語はどんな意味を表すようになるでしょうか。その時が来てみなければわかりませんが。

Q43　正解（C）　🔊 MP3 226

Q: What is the speaker's basic purpose in the passage?
設問：この話における話者の基本的な目的は何ですか。

(A) いくつかの新語を紹介すること。
(B) 親切であることの大切さについて話すこと。
(C) 言葉の意味が時を経て変わりうることを示すこと。
(D)「ラベル」という語の歴史を説明すること。

解説　冒頭で「単語は時を経てその意味を変えるものだ」と述べ、具体例としてlabelとniceを取り上げ、それぞれの意味の変遷を語っている。

Q44　正解（A）　🔊 MP3 227

Q: What can be said about the two examples?
設問：2つの例についてどんなことがいえますか。

(A) 一方は他方よりも大きな変化を見せた。
(B) 一方はフランス語で起こり、他方は英語で起こった。
(C) 一方は、今日ではもう使われていない。
(D) 一方は、会話でしか使われない。

解説　話者は While "label" has a connection to its original meaning, many words have now come to mean almost their opposites. と述べ、これに対比させる形でniceの意味が逆転した経緯を説明している。意味の逆転をbigger change「より大きな変化」といい表した(A)が正解。

Q45　正解（A）　🔊 MP3 228

Q: What does the speaker suggest about the word "label?"
設問：話者は「ラベル」という語についてどんなことを示唆していますか。

(A) 元の意味を部分的に維持している。
(B) 元の意味と現在の意味が無関係だ。
(C) 今日でもかつてと同様に使われている。
(D) フランス人なら、その使い方に驚くだろう。

解説 A label today is still something that is "attached," but ～ と述べ、label の意味が本来のものとは変わってしまったものの、「付ける」という意味はまだ残っていることが説明されている。

Q46　正解（C）　🔊 MP3 229

Q: What does the speaker imply in the last line?
設問：話者は最後の一節で何をいおうとしていますか。

(A) 一度、単語の意味が変化すると、その後はずっと変わらない。
(B) 単語のつづりが変わることはめったにない。
(C) 変化したことのある単語の意味が、再び変わる可能性もある。
(D) まだ定義されていない単語がたくさんある。

解説 話者は話の最後でWhat will the word mean in the future? と問題提起し、Only time will tell. と締めくくっている。Only time will tell. は「時がたてばわかる、その時が来ないとわからない」という意味の決まり文句で、ここではniceのように意味を変えてきた単語にも、再度意味を変える可能性があることを示唆していると考えられる。

Q47-50　🔊 MP3 230

スクリプト・訳

N: Listen to the following talk given in a biology class.

　　My lecture today may seem a little easy for you, even though you are just starting college, but I think it's important to get things straight right from the beginning. Especially in biology. Now, I wonder if you have ever considered exactly what we mean by "life" — because today I'd like to distinguish some of the differences between animate and inanimate objects. The first and most obvious characteristic of life forms is that they can reproduce. They are able to replicate themselves over time. Of course, in some sense, crystals can reproduce as well, but this leads to the next important difference. Living things have the capacity to metabolize — by "metabolism." I mean they can transfer energy from an outside system to within their own living structure, whether that energy is plant life or animal life. Another quality of animate life is the ability to respond to stimuli, to react to the environment. Consequently, life forms have the ability, or the potential ability, to adapt. When was the last time you saw a rock adapt to its environment? By contrast, even a single-celled amoeba is remarkably flexible and resilient. As you go on to more advanced biology classes, I hope you keep this introductory lecture in mind.

ナレーター：次の、生物学の授業での話を聞きなさい。

　今日の講義は、大学に入ったばかりの皆さんでも、ちょっとやさしすぎると思うかもしれません。しかし、最初から物事をしっかり理解することは大切だと思います。特に生物学ではそうです。さて、皆さんは「生命」が厳密には何を意味するか、考えたことがあるでしょうか。というのも、今日、私は生物と無生物の相違点をいくつかはっきりさせたいと思っているからです。生命体の第1の、そして最も明白な特徴は、それらが生殖できるということです。時を超えて同様の個体を再生できるのです。もちろん、ある意味では結晶も再形成が可能ですが、このことは別の重要な相違点へつながる問題です。生物は代謝する能力を持っています。「新陳代謝」です。つまり、生物は外部のシステムから彼らの生命組織内にエネルギーを移動させることができるのです。そのエネルギーは植物か動物かを問いません。もうひとつ、生物の性質には刺激に反応する、つまり環境に反応する能力があります。結果的に、生命体は適応力、あるいは潜在的適応力を持っているわけです。環境に適応する岩石など見たことがないでしょう。対照的に、単細胞のアメーバですら、非常に柔軟で高い復元力を備えています。上級の生物学の授業へ進んでからも、皆さんにはこの入門講義を心に留めておいてほしいと思います。

Q 47　正解 （A）　🔊 MP3 231

Q: Who is the speaker talking to?
設問：話をしている相手は誰ですか。

  (A) 大学の新入生。
  (B) 科学の研究者。
  (C) 上級の生物学専攻者。

(D) 化学クラブのメンバー。

| 解説 | 出だしで you are just starting college といっている。間違えることはないだろう。正解は (A) である。

Q48　正解（**A**）　◁)) MP3 232

Q: What is this lecture mainly about?
設問：この講義は主に何に関するものですか。

(A) 生物と無生物の違い。
(B) 植物や動物が繁殖する方法。
(C) 岩石の異常な特徴。
(D) 生物学の重要な発展。

| 解説 | 話者は today I'd like to distinguish some of the differences between animate and inanimate objects といって、何について話すのか明確に聞き手に伝えている。

Q49　正解（**D**）　◁)) MP3 233

Q: According to the speaker, which of the following is a distinguishing feature of life forms?
設問：話者によれば、次のどれが生命体のきわだった特徴ですか。

(A) 遺伝子。
(B) 寿命。
(C) 段階的な衰退。
(D) 新陳代謝。

| 解説 | Living things have the capacity to metabolize — by "metabolism." といって、重要な違いのひとつとして取り上げている。metabolism とは「新陳代謝」のことである。

Q50　正解（**C**）　◁)) MP3 234

Q: What does the speaker use the example of the amoeba to demonstrate?
設問：話者は、何を示すためにアメーバの例を使っていますか。

(A) 有機体は短時間で繁殖できる。
(B) 生物は極小でありうる。

(C) 生命体は環境に適応できる。

(D) 生物と無生物は、しばしば相互に作用する。

解説 話の終わりの方で、adapt（順応する、適応する）ということばを2度使っている。また、respond to stimuli、react to the environment、flexible（柔軟性のある）、resilient（復元力を備えた）ということばが出てくるが、これもまた adapt に関係することばである。

Final Checkpoints

この FINAL TEST で 200 問、シミュレーション問題も含めると、これまでにそれ以上の問題を解いてきたことになる。その成果が出ただろうか。まずは PRIMARY TEST と FINAL TEST の正解数を記入し、比較してみよう。

PRIMARY TEST　　Part A （＿＿＿＿） / 30 問中
　　　　　　　　　Part B （＿＿＿＿） / 8 問中
　　　　　　　　　Part C （＿＿＿＿） / 12 問中
　　　　　　　　　合計 （＿＿＿＿） / 50 問中

FINAL TEST　　　Part A （＿＿＿＿） / 30 問中
　　　　　　　　　Part B （＿＿＿＿） / 8 問中
　　　　　　　　　Part C （＿＿＿＿） / 12 問中
　　　　　　　　　合計 （＿＿＿＿） / 50 問中

1 ☐ Part A: あまり緊張しないで問題に取り組めた。また、わからない箇所にこだわりすぎて問題を解くリズムを崩すことがほとんどなくなった。
2 ☐ Part A: 第 1 話者のことばが聞き取れなくてもあわてなくなった。
3 ☐ Part A: 集中力が途切れることがなくなった。また、問題を解くリズムが身についた。
4 ☐ Part B: 問題解説がはじまったとき、気持ちを切り替え、会話の出だしに集中することができた。
5 ☐ Part B: わからない問題があっても、妥当だと思えるものをマークし、次の質問に備えることができるようになった。
6 ☐ Part C: 気分を新たにして Part C に臨むことができた。
7 ☐ Part C: わからない表現が出てきても、それにあまりこだわらずに全体の流れをつかめるようになった。
8 ☐ Part C: 問題文の出だしの情報をしっかりキャッチし、1 問目の問題に落ち着いて取り組めるようになった。
9 ☐ Part A、B、C: 設問・選択肢からの情報をフルに活用するようになった。
10 ☐ Part A、B、C: 各パートの正答率にばらつきがあまりなくなった。

　いくつの項目をチェックすることができただろうか。該当する項目数が少なかった人は、さらに努力する必要があるだろう。本書の Practice Test で繰り返し練習をしてほしい。皆さんの努力が実を結ぶことを祈りながら筆を置くことにする。

Good luck!
監修者

PRIMARY TEST Answer Sheet

Be sure to blacken completely the circle that corresponds to your answer choice. Completely erase errors or stray marks.

CORRECT	WRONG	WRONG	WRONG	WRONG
Ⓐ Ⓑ ● Ⓓ	Ⓐ Ⓑ Ⓒ Ⓓ	Ⓐ Ⓑ ⊘ Ⓓ	Ⓐ Ⓑ ⊗ Ⓓ	Ⓐ Ⓑ ◓ Ⓓ

NAME (Print)

Section 1

1 Ⓐ Ⓑ Ⓒ Ⓓ	11 Ⓐ Ⓑ Ⓒ Ⓓ	21 Ⓐ Ⓑ Ⓒ Ⓓ	31 Ⓐ Ⓑ Ⓒ Ⓓ	41 Ⓐ Ⓑ Ⓒ Ⓓ
2 Ⓐ Ⓑ Ⓒ Ⓓ	12 Ⓐ Ⓑ Ⓒ Ⓓ	22 Ⓐ Ⓑ Ⓒ Ⓓ	32 Ⓐ Ⓑ Ⓒ Ⓓ	42 Ⓐ Ⓑ Ⓒ Ⓓ
3 Ⓐ Ⓑ Ⓒ Ⓓ	13 Ⓐ Ⓑ Ⓒ Ⓓ	23 Ⓐ Ⓑ Ⓒ Ⓓ	33 Ⓐ Ⓑ Ⓒ Ⓓ	43 Ⓐ Ⓑ Ⓒ Ⓓ
4 Ⓐ Ⓑ Ⓒ Ⓓ	14 Ⓐ Ⓑ Ⓒ Ⓓ	24 Ⓐ Ⓑ Ⓒ Ⓓ	34 Ⓐ Ⓑ Ⓒ Ⓓ	44 Ⓐ Ⓑ Ⓒ Ⓓ
5 Ⓐ Ⓑ Ⓒ Ⓓ	15 Ⓐ Ⓑ Ⓒ Ⓓ	25 Ⓐ Ⓑ Ⓒ Ⓓ	35 Ⓐ Ⓑ Ⓒ Ⓓ	45 Ⓐ Ⓑ Ⓒ Ⓓ
6 Ⓐ Ⓑ Ⓒ Ⓓ	16 Ⓐ Ⓑ Ⓒ Ⓓ	26 Ⓐ Ⓑ Ⓒ Ⓓ	36 Ⓐ Ⓑ Ⓒ Ⓓ	46 Ⓐ Ⓑ Ⓒ Ⓓ
7 Ⓐ Ⓑ Ⓒ Ⓓ	17 Ⓐ Ⓑ Ⓒ Ⓓ	27 Ⓐ Ⓑ Ⓒ Ⓓ	37 Ⓐ Ⓑ Ⓒ Ⓓ	47 Ⓐ Ⓑ Ⓒ Ⓓ
8 Ⓐ Ⓑ Ⓒ Ⓓ	18 Ⓐ Ⓑ Ⓒ Ⓓ	28 Ⓐ Ⓑ Ⓒ Ⓓ	38 Ⓐ Ⓑ Ⓒ Ⓓ	48 Ⓐ Ⓑ Ⓒ Ⓓ
9 Ⓐ Ⓑ Ⓒ Ⓓ	19 Ⓐ Ⓑ Ⓒ Ⓓ	29 Ⓐ Ⓑ Ⓒ Ⓓ	39 Ⓐ Ⓑ Ⓒ Ⓓ	49 Ⓐ Ⓑ Ⓒ Ⓓ
10 Ⓐ Ⓑ Ⓒ Ⓓ	20 Ⓐ Ⓑ Ⓒ Ⓓ	30 Ⓐ Ⓑ Ⓒ Ⓓ	40 Ⓐ Ⓑ Ⓒ Ⓓ	50 Ⓐ Ⓑ Ⓒ Ⓓ

FINAL TEST Answer Sheet

Be sure to blacken completely the circle that corresponds to your answer choice. Completely erase errors or stray marks.

CORRECT	WRONG	WRONG	WRONG	WRONG
Ⓐ Ⓑ ● Ⓓ	Ⓐ Ⓑ Ⓒ Ⓓ	Ⓐ Ⓑ ⊘ Ⓓ	Ⓐ Ⓑ ⊗ Ⓓ	Ⓐ Ⓑ ◓ Ⓓ

NAME (Print)

Section 1

1 Ⓐ Ⓑ Ⓒ Ⓓ	11 Ⓐ Ⓑ Ⓒ Ⓓ	21 Ⓐ Ⓑ Ⓒ Ⓓ	31 Ⓐ Ⓑ Ⓒ Ⓓ	41 Ⓐ Ⓑ Ⓒ Ⓓ
2 Ⓐ Ⓑ Ⓒ Ⓓ	12 Ⓐ Ⓑ Ⓒ Ⓓ	22 Ⓐ Ⓑ Ⓒ Ⓓ	32 Ⓐ Ⓑ Ⓒ Ⓓ	42 Ⓐ Ⓑ Ⓒ Ⓓ
3 Ⓐ Ⓑ Ⓒ Ⓓ	13 Ⓐ Ⓑ Ⓒ Ⓓ	23 Ⓐ Ⓑ Ⓒ Ⓓ	33 Ⓐ Ⓑ Ⓒ Ⓓ	43 Ⓐ Ⓑ Ⓒ Ⓓ
4 Ⓐ Ⓑ Ⓒ Ⓓ	14 Ⓐ Ⓑ Ⓒ Ⓓ	24 Ⓐ Ⓑ Ⓒ Ⓓ	34 Ⓐ Ⓑ Ⓒ Ⓓ	44 Ⓐ Ⓑ Ⓒ Ⓓ
5 Ⓐ Ⓑ Ⓒ Ⓓ	15 Ⓐ Ⓑ Ⓒ Ⓓ	25 Ⓐ Ⓑ Ⓒ Ⓓ	35 Ⓐ Ⓑ Ⓒ Ⓓ	45 Ⓐ Ⓑ Ⓒ Ⓓ
6 Ⓐ Ⓑ Ⓒ Ⓓ	16 Ⓐ Ⓑ Ⓒ Ⓓ	26 Ⓐ Ⓑ Ⓒ Ⓓ	36 Ⓐ Ⓑ Ⓒ Ⓓ	46 Ⓐ Ⓑ Ⓒ Ⓓ
7 Ⓐ Ⓑ Ⓒ Ⓓ	17 Ⓐ Ⓑ Ⓒ Ⓓ	27 Ⓐ Ⓑ Ⓒ Ⓓ	37 Ⓐ Ⓑ Ⓒ Ⓓ	47 Ⓐ Ⓑ Ⓒ Ⓓ
8 Ⓐ Ⓑ Ⓒ Ⓓ	18 Ⓐ Ⓑ Ⓒ Ⓓ	28 Ⓐ Ⓑ Ⓒ Ⓓ	38 Ⓐ Ⓑ Ⓒ Ⓓ	48 Ⓐ Ⓑ Ⓒ Ⓓ
9 Ⓐ Ⓑ Ⓒ Ⓓ	19 Ⓐ Ⓑ Ⓒ Ⓓ	29 Ⓐ Ⓑ Ⓒ Ⓓ	39 Ⓐ Ⓑ Ⓒ Ⓓ	49 Ⓐ Ⓑ Ⓒ Ⓓ
10 Ⓐ Ⓑ Ⓒ Ⓓ	20 Ⓐ Ⓑ Ⓒ Ⓓ	30 Ⓐ Ⓑ Ⓒ Ⓓ	40 Ⓐ Ⓑ Ⓒ Ⓓ	50 Ⓐ Ⓑ Ⓒ Ⓓ

監修者プロフィール

岩村圭南（いわむら　けいなん）
上智大学卒業後、ミシガン大学大学院留学、修士課程終了（M.A.）。
英語教授法専攻。上智短期大学（現上智大学短期大学部）助教授を経
て、コンテンツ・クリエイターとして独立。NHKラジオ第2放送で
「英会話レッツスピーク」、「徹底トレーニング英会話」、「英語5分間
トレーニング」の講師を10年間にわたり担当する。音読を基本にした
《英語の筋トレ指導》には定評がある。
『英語は書いて身につける』『音読で英文法をモノにする本』（アルク）、
『英語をめぐる冒険』（NHK出版）、『20日間完成 オーバーラッピング
で音読する 絶対話せる！英文法』（サンマーク出版）、『【改訂版】英語
の正しい発音の仕方（基礎編）』『英語発信ジェネレーター』（研究社）、
『面白イラスト英会話トレーニング』（マイナビ出版）など著書多数。
ウェブサイト『日刊 英語の筋トレ』https://book. mynavi.jp/english/

改訂版
完全攻略！
TOEFL ITP®テスト
リスニング

発行日　2022年11月4日　（初版）

※この書籍は2016年3月刊行の『完全攻略！ TOEFL ITP® テスト リスニング』を改訂したものです。

監修・解説：岩村圭南
問題作成：ICU TOEFL® テスト問題研究会
編集：株式会社アルク文教編集部
編集協力：オフィスLEPS 岡本茂紀
英文校正：Peter Branscombe、Margaret Stalker
アートディレクション：早坂美香（SHURIKEN Graphic）
本文デザイン：大村麻紀子
ナレーション：Jerome H. Cler、Julie Oppenheimer、Eric Pirius、Brett Coleman、
　　　　　　　Howard Colefield、Carolyn Miller
録音・編集：株式会社ジェイルハウス・ミュージック／株式会社メディアスタイリスト
DTP：朝日メディアインターナショナル株式会社
印刷・製本：萩原印刷株式会社
発行者：天野智之
発行所：株式会社アルク
〒102-0073 東京都千代田区九段北4-2-6　市ヶ谷ビル
Website: https://www.alc.co.jp/

地球人ネットワークを創る

アルクのシンボル
「地球人マーク」です。